PICCOLA BIBLIOTECA NERI POZZA

ISBN 978-88-545-1553-6

LUCETTA SCARAFFIA

La fine della madre

NERI POZZA EDITORE

Prefazione

In piena estate, nella piscina di Todi, sono attratta da una coppia di nonni giovanili e dinamici che stanno facendo nuotare due bambine piccole, di un anno circa, che ridono felici muovendosi nell'acqua senza paura. Dai complimenti per la bellezza e la vivacità delle gemelline, si dipana una conversazione dalla quale vengo a sapere che i due – nordeuropei che vivono negli Stati Uniti – sono i genitori delle bambine. Per spiegarmi la clamorosa distanza d'età che li separa dalle figlie, mi dicono che sono figlie di uteri in affitto: quindi non sono gemelle però sono sorelle, perché portate in gestazione da due donne diverse, se pure inseminate lo stesso giorno. Ben sapendo quanto è difficile la riuscita, avevano deciso di tentare contemporaneamente con due donne, e invece è andata bene con entrambe. Probabilmente hanno acquistato anche ovuli e spermatozoi, ma dagli stessi donatori, data la somiglianza delle sorelline fra di loro. Cosa dire? Cosa pensare? Le bambine sono belle e allegre, i genitori contenti anche se la mamma che fa nuotare una piccola è più rigida del padre, tenero e allegro. Quasi quasi è più "materno" il padre... Mi chiedono, gentilmente, se questa operazione è permessa anche in Italia, così come negli Stati Uniti, e rispondo di no. Sembrano costernati per quella che a loro sembra un'arretratezza del nostro paese.

Dunque, oggi non dovremmo più stupirci di nulla: sono in corso molti cambiamenti che coinvolgono la maternità, cambiamenti che vengono abitualmente affrontati singolarmente, uno per volta, e per lo più interpretati come passi in avanti sul piano della libertà individuale e come applicazione pratica delle nuove scoperte delle tecnoscienze. Quasi che sia la libertà individuale, sia il progresso nelle tecnoscienze, fossero processi autonomi, non controllati dagli esseri umani, ma avanzassero spinti dagli eventi, portando quindi l'umanità a esiti fatali e incontrastabili. Le trasformazioni del linguaggio, in coerenza con quanto suggerisce il politicamente corretto, danno a queste trasformazioni un suggello culturale che si vorrebbe definitivo. Ma siamo sicuri che le cose stiano veramente così? Non sarà opportuno riflettere su questi cambiamenti da un punto di vista diverso?

Non si tratta infatti di piccole cose, di inevitabili modernizzazioni, di necessari correttivi alla nostra cultura per migliorarla nel senso della libertà e dell'uguaglianza, ma piuttosto di trasformazioni antropologiche di vasta portata che stanno cambiando radicalmente il nostro modo di essere e le nostre società perché toccano punti nevralgici e profondi della condizione umana, a cominciare dalla generazione.

In molti paesi la cancellazione dei termini stessi di madre e padre, in nome di una neutralizzazione dei sessi, nega una realtà che nessun sistema familiare aveva mai osato mettere in discussione, e lo fa al fine di cancellare ogni differenza, anche quella primaria dei sessi dalla quale deriva la vita. Dimenticando che la cultura, e soprattutto il diritto, si fondano proprio su un lavoro di differenziazione, al fine di porre ordine nella confusione, «per proteggere il soggetto umano dalla tentazione sempre rinnovata di essere il Tutto»[1].

Ma la battaglia ai termini madre e padre, che apparentemente sembra distruggere allo stesso modo l'identità maschile e quella femminile, in realtà opera diversamente nei confronti dei due sessi, colpendo con maggiore durezza la madre. Bisogna ricordare infatti che scompare anche la frase "nato da...", sostituita da "figlio di...", che privilegia l'affiliazione sociale su quella naturale, oggi chiamata con gelida freddezza "biologica". E quindi ciò finisce inevitabilmente per privilegiare il legame di tipo paterno su quello di tipo materno, cosa del resto che acca-

1. M. Vacquin, J.-P.Winter, *Pour en finir avec père et mère*, in «le débat», n. 174, 2013, p. 88.

de in tutte le forme di procreazione assistita le quali, togliendo valore agli aspetti naturali della generazione, si fondano sul riconoscimento sociale e giuridico, l'unico che in questi casi definisce la parentela del bambino. Così anche le madri – che ricorrono al concepimento in vitro, all'acquisto degli ovuli se non addirittura all'affitto dell'utero – diventano sempre più simili al modello paterno, che prevede un riconoscimento volontario e istituzionale e un ridotto contributo biologico. Mentre la scena della procreazione si fa sempre più affollata perché comprende, oltre ai due genitori, gli eventuali donatori o la donna che affitta l'utero, i medici che compiono le operazioni necessarie e perfino le istituzioni che mediano i rapporti fra i cosiddetti "donatori" con gli aspiranti genitori. Scena nella quale non giocano un ruolo da semplici comparse neppure i legali, indispensabili per definire la "proprietà" del bambino e l'eventuale anonimato del donatore.

In questo teatro la figura che ha più da perdere è quella materna: spezzata in tre possibili ruoli – donatrice degli ovuli, portatrice della gravidanza e madre committente – sempre più soggetta agli interventi dei medici, all'attività mediatrice degli avvocati. Anche se a ricorrere a questa divisione sono ancora in poche, l'effetto simbolico di questo cambiamento è in atto, con sicura efficacia.

Un'analisi dei nuovi termini nati per definire queste esperienze, o il cambiamento di senso di quelli già esistenti, aiuta a comprendere meglio cosa sta succedendo. L'assistenza medica alla procreazione, ad esempio, da processo curativo della sterilità con il fine di guarire è diventata intervento sostitutivo, estendibile anche a chi non può generare non per malattia ma per stato fisiologico, come ad esempio perché anziano o perché dello stesso sesso. I termini medico e assistenza, in questi casi, cambiano completamente il loro significato. Questa trasformazione ha reso necessaria una nuova formula giuridica, quella di contratto di affitto dell'utero, che deve definire le condizioni in cui si svolge una gestazione surrogata, ma che, dal momento che riguarda un elemento del corpo umano, che in tutte le legislazioni occidentali è giuridicamente indisponibile, non sarebbe lecita. Una trasgressione giustificata dalla comparsa sulla scena di un nuovo diritto, anche questo non previsto né codificato da alcuna legge: il diritto al figlio.

Ma certo la metamorfosi più grave l'ha subita il termine madre. Un tempo madre era colei che partoriva, al di là della sua intenzione di allevare il figlio, ma in caso di gestazione surrogata ha diritto al titolo di madre anche la committente, per cui questa qualità viene attribuita per lo meno a due donne, a cui si aggiunge l'eventuale donatrice di ovulo e, naturalmente, la compagna o il compagno della committente, che rivendicherà il suo diritto di vedere riconosciuta la parentela. O per meglio dire la genitorialità: è questo il nuovo termine per definire chi diventa genitore del bambino in seguito allo stabilirsi di un legame giuridico di filiazione. È stato inventato così un nuovo termine che prescinde dal legame naturale, per far prevalere quello sociale. Che ha anche il vantaggio di non specificare la differenza di genere.

Frutto diretto ne è la nuova formula "progetto genitoriale", che contiene la parola magica progetto – che suona alle nostre orecchie come assicurazione di autodeterminazione, e quindi dovrebbe essere sinonimo di felicità, così come i figli progettati dovrebbero essere molto migliori dei figli nati per caso – e quella sessualmente neutra di genitorialità. Progetto genitoriale non significa famiglia, che è un'istituzione che ingloba e unisce, mentre «se la famiglia disegna una sfera, la genitorialità disegna solo una linea, che può eventualmente interessare solo un essere che lui stesso ha la possibilità di creare una filiazione»[2].

In piena rivoluzione femminista riuscita, e proprio nei paesi in cui la parità è stata raggiun-

2. Mission de recherche Droit et justice - Université de Reims, *Le "droit à l'enfant" et la filiation en France et dans le monde*, Rapport final sous la responsabilité scientifique de Clotilde Brunetti-Pons, 5 janvier 2015-5 janvier 2017, p. 83. La ricerca è stata promossa dal Ministero della Giustizia e dal Centro nazionale di ricerca scientifica.

ta a ogni livello, le donne stanno così perdendo l'enorme vantaggio che hanno sempre avuto sugli uomini: la capacità di procreare. Anche se questa superiorità è sempre stata loro invidiata dagli uomini, sempre desiderosi di poter procreare da soli. Un'invidia molto antica, e sempre presente, come rileva Silvia Vegetti Finzi citando dall'*Ippolito* di Euripide: «O Zeus, perché hai messo alla luce e imposto agli uomini la donna, questo fraudolento malanno? Se era nel tuo intento propagare il genere umano, non era necessario farlo attraverso le donne. Gli uomini avrebbero dovuto semplicemente, depositando nei templi una somma in oro o in bronzo o in ferro, comprare la generazione dei propri figli a seconda del valore della propria offerta, e così avrebbero avuto le loro case libere dalle donne»[3].

Un sogno che continua ancora oggi: non si è mai vista la mamma di Pinocchio, ma solo il padre Geppetto, e così privi di madre e allevati da una figura paterna, lo zio, sono i nipotini di Topolino e Paperino. Dai fumetti ai cartoni animati, sostiene Costanza Rizzacasa d'Orsogno, che in un articolo[4] rileva come nel sequel di *Mary Poppins* (previsto per il 2018) la mam-

3. S. Vegetti Finzi, *I figli del futuro*, in «L'Osservatore Romano», 17 aprile 2017.

4. C. Rizzacasa d'Orsogno, *Ciak, come far fuori la mamma*, in «Io donna», 15 luglio 2017.

ma muoia subito, così come la mamma di Bambi (1942), quella di Ariel nella *Sirenetta* (2008) e di molti altri eroi dei cartoni animati. Non si contano infatti i padri che crescono i figli da soli, tanto che la giornalista parla di evidente «invidia dell'utero».

Nel Novecento, a partire dalla prima guerra mondiale, si è assistito a una veloce e inesorabile avanzata delle donne in campi che erano stati loro preclusi: oggi gli uomini devono negoziare tutto, tutto è soggetto a discussione critica, la questione dei posti da occupare nella società e nella famiglia da ridiscutere, volta per volta. E non si tratta solo della maternità: le donne rivendicano tutto.

C'è da stupirsi se la scienza – ancora in gran parte in mano agli uomini – insieme con le ideologie, sta cercando di svuotare di contenuto la maternità? C'è da stupirsi se stanno scomparendo le madri, sia per il brusco e forte calo delle nascite che interessa quasi tutti i paesi avanzati, quelli dove si è realizzata l'emancipazione delle donne, sia perché le madri che ancora ci sono stanno diventando sempre più simili ai padri? E non solo nel comportamento in famiglia, dovendo lavorare e fare carriera, ma addirittura al cuore del potere materno, quello di generare a partire dal concepimento, per arrivare alla gravidanza, al parto e all'allattamento.

Non c'è niente che renda più evidente il

discredito nel quale è caduta la funzione materna – nonostante la vittoria della rivoluzione femminista – quanto vedere come, nella nostra società, il lavoro di allevamento dei bambini e di cura di malati e anziani di famiglia – tradizionale estensione del ruolo materno – sia diventato un lavoro in genere mal pagato, svolto dalle persone che stanno in fondo alla scala sociale.

Cosa stanno perdendo le donne in questa trasformazione? Siamo sicure che diventare come gli uomini sia un gran guadagno? In fondo al cuore, ogni donna sa che come madre, figlia, sorella, è insostituibile, mentre come medico, maestra, commerciante eccetera può essere sostituita da qualcuno che fa quello stesso lavoro magari meglio, o a costo minore. Ma si fa finta che non sia vero, e che invece sia molto preferibile diventare sempre più simili agli uomini, contendere loro passo passo il potere, senza accorgersi che noi donne stiamo perdendo il nostro.

Oggi però qualcosa sta cambiando, anche se non in Italia. In Francia, ad esempio, ha avuto un grande successo un libro, poi tradotto anche da noi, di Claude Habib, *Il gusto della vita insieme*[5] – che vuole riabilitare la vita a due, in compagnia di un uomo che, se pure diverso,

5. Claude Habib, *Il gusto della vita insieme*, Ponte alle Grazie, Firenze, 2014.

collabora alla riuscita di una quotidianità sempre più complessa. Habib riporta in auge addirittura un'idea che le femministe hanno sempre accantonato con disprezzo, quella di complementarità: che non necessariamente significa oppressione, scrive, e anzi può anche essere interpretata come una divisione di compiti, a seconda delle attitudini di ciascuno, al fine di un vantaggio comune.

Le donne possono persino fare la spesa, forse addirittura attaccare i bottoni, se l'uomo con cui dividono la vita porta l'auto dal meccanico e paga le bollette. La loro vita quotidiana ne trae giovamento, e questo è quello che conta. Non importa se in questo modo non si realizzano astratti modelli di eguaglianza, creati in base a principi ideologici. Un'altra francese, la filosofa politica Camille Froidevaux-Metterie, ha avuto addirittura il coraggio di scrivere – proprio nel paese di Simone de Beauvoir – quella che fino a poco tempo fa sarebbe sembrata un'eresia: cioè che forse alle donne piace lavorare in casa, per la propria famiglia, soprattutto piace occuparsi dei figli, e per questo sono restìe a cedere quote del loro doppio lavoro quotidiano.

Un filo di speranza, in una situazione drammatica così ben sintetizzata da Vegetti Finzi: «Per la prima volta nella storia dell'umanità, sembrano presentarsi le condizioni che le utopie sociali hanno sempre richiesto per la loro realizzazione: l'abolizione della famiglia, il venir meno dei vincoli di consanguineità e di parentela, la fine del divieto di incesto. Sinora non conosciamo una società organizzata che escluda l'appartenenza alla famiglia e i rapporti di parentela»[6].

6. Vegetti Finzi, *I figli del futuro*, cit.

Due padri

Due fotografie

L'abbiamo vista tutti, più volte esibita dai giornali quando si vuole spezzare una lancia a favore delle famiglie omosessuali: la foto ritrae Elton John e il suo compagno che tengono sulle ginocchia un bel bambino biondo, presentato come loro figlio. Il bambino è calmo, tranquillo, al centro fra i due padri. È una foto in posa, simile a quelle che un tempo si facevano scattare le famiglie in occasione delle grandi tappe della vita: matrimonio, nascita dei figli. Come avveniva per le foto delle famiglie di un tempo, questa vuole consacrare una famiglia, vuole presentarla come un modello rassicurante e reale alla società circostante.

È una foto che suscita stupore proprio per questo suo essere "studiata" in un mondo in cui l'esistenza dei telefonini ha fatto delle istantanee e dei filmati improntati alla totale spontaneità la norma assoluta. Le istantanee vogliono immortalare momenti di felicità, vogliono costruire la memoria di una vita ancora inconsapevole dei bambini, che poi attraverso queste immagini, in un certo senso "rubate" al flusso della vita, si costruiranno la propria biografia personale. Le foto in posa sono tutt'altra cosa: sono la sacralizzazione di un nucleo sociale, la istituzionalizzazione di un legame.

Esistono naturalmente anche foto di un padre con i figli piccoli, che però sono sempre istantanee, in cui si vedono i padri immersi in operazioni che un tempo erano solo materne: li cambiano, li nutrono, li addormentano. Un tempo, il padre veniva ritratto con i figli solo quando questi erano in grado di parlare e camminare: il rapporto diretto fra di loro si costruiva solo allora, al di fuori dell'empatia muta che li legava fin dall'origine alla madre.

Queste foto costituiscono una prova che i padri hanno affrontato una sorta di iniziazione all'intimità superando il disagio maschile nei confronti dei più deboli, nei confronti di un bambino che ha bisogno di cure.

Questi padri "nuovi" – in genere parte di una coppia eterosessuale – hanno di solito un'espressione fra intimidita e sorpresa, come se una timida felicità li avvolgesse per avere scoperto una nuova modalità di interazione umana. Elton John e compagno sfoggiano invece un'espressione felice e trionfante, che non sembra derivare direttamente dal rapporto che hanno instaurato con il bambino, bello ma un po' estraneo ai due papà. Osservazioni molto simili a queste ispira la foto di Nichi Vendola e compagno con bambino: in entrambi i casi, si tratta di foto che non trasmettono il senso di un nuovo modello di paternità – quello dei padri che si occupano materialmente dei loro figlioletti – ma sembrano piuttosto l'esibizione di una vittoria. Il trionfo di due uomini che sono riusciti ad avere un figlio facendo a meno di una donna. Finalmente, un desiderio forte ma a lungo represso – quello degli uomini di procreare senza l'aiuto della donna – si è avverato, o almeno i due protagonisti della foto sembrano pensarlo, mentre guardano con una certa arroganza l'osservatore negli occhi. Un bisogno di ostentare la propria felicità familiare davanti a tutti che sembra anche, però, una richiesta di rassicurazione. Le foto "in posa" si possono selezionare, ritoccare: tutto appare a posto in questo mondo incantato, chiaramente agli antipodi con la realtà, perché quel bambino la madre ce l'ha, o più probabilmente ha una molteplicità di madri: quella che ha venduto l'ovulo, quella che ha venduto l'utero. E magari, come nel caso del cantante inglese, quella che – come bambinaia – lo alleva in un appartamento accanto a quello dei padri, che non amano venire disturbati dai pianti del bambino.

Queste foto sono la prova più eclatante di ciò che ha affermato Marcel Gauchet, cioè che se prima era la famiglia che faceva il figlio, oggi è il figlio che fa la famiglia. Anche la famiglia impossibile. Nel disorientamento generale che caratterizza la società contemporanea – scrivono Quentel e Dartiguenave – il bambino è diventato una sorta di valore rifugio, il punto base intorno al quale si può tentare di allacciare legami familiari[1].

Schiere di sociologi, pediatri, psicologi, sono pronte a giurare che ai bambini basta essere amati, e quindi due padri vanno benissimo, non ci sarà alcun problema. Pochi hanno il coraggio di insinuare qualche dubbio in questo quadro idilliaco, rischiando di essere tacciati di mente ristretta e conservatrice, se non peggio. Nessuno vuole essere sospettato di coltivare pensieri critici nei confronti del "progresso", infatti. Tutti tengono ad avere un'immagine di professionista di larghe vedute, pronto a capire e accettare e non giudicare. Così Elton John fa scuola, e molte coppie omosessuali cercano di seguire il suo esempio, anche se è possibile farlo solo se si hanno dei soldi da investire per comprare un ovulo, per pagare la gravidanza e poi, probabilmente, per pagare una baby-sitter a tempo pieno.

Naturalmente non sono solo gli uomini omosessuali a desiderare una famiglia, ma anche le donne. Qui però la situazione è assai diversa: in genere, solo lo spermatozoo viene acquistato; alla gravidanza ci pensano loro, come al solito. E la consapevolezza che questa scelta non è poi

1. J.-C. Quentel, J.-Y. Dartiguenave, *Tous parents! Le mariage entre nature et culture*, in «le débat», n. 180, 2014.

così rivoluzionaria distoglie le protagoniste dalle fotografie in posa trionfale. Le foto che ritraggono le famiglie con due madri, infatti, sono istantanee simili a quelle delle famiglie eterosessuali, immagini in cui in fondo l'eccezionalità della situazione si coglie appena.

Perché questa differenza? Cosa è successo nelle nostre società che fa sì che venga accettato come se fosse vero che un bambino può avere due padri e nessuna madre? Cosa può avere provocato una nuova forma di schiavitù delle donne quale l'utero in affitto? Quali sono le radici storiche di questo colpo di scopa ideologico che è riuscito a rovesciare secoli di abitudini e a cambiare la stessa concezione della trasmissione della vita? Un cambiamento in corso che avviene quasi in silenzio, perché protetto dal politicamente corretto che» scrivono Vacquin e Winter «è la patetica confessione di una società che non sa più né ricevere, né trasmettere, né pensare, né classificare. Che sa solo rompere e rivendicare...»[2]

Che significano questi cambiamenti radicali richiesti da una minoranza di omosessuali? Ieri si voleva la sessualità trasgressiva, oggi la famiglia e i figli. A ogni costo. Ma tutto viene presentato come un processo conseguente, in nome della libertà.

2. M. Vacquin, J.-P. Winter, *Pour en finir avec père et mère*, cit., pp. 85-86.

Questi cambiamenti, e anche la stupefacente acquiescenza con la quale vengono accettati, trovano le loro radici all'interno di due rivoluzioni: quella delle donne e quella sessuale, che a un certo punto, negli anni Settanta, si sono sovrapposte diventando quasi una cosa sola.

Il femminismo

Probabilmente, se una femminista dei primi del Novecento si ritrovasse improvvisamente tra noi oggi, guarderebbe con orrore queste trasformazioni, che non erano certo nei suoi progetti. Il progresso per il quale combatteva era un altro, molto diverso.

Il femminismo ha cominciato a diffondersi come movimento all'inizio del Novecento, con la richiesta della parità dei diritti: parità di accesso all'istruzione, alle professioni, al voto. In sostanza, le donne decisero di uscire dal recinto della vita domestica dove le confinava il ruolo di moglie e di madre per entrare nella società degli uomini. Chiedevano infatti di essere trattate come cittadine, di godere degli stessi diritti che la democrazia diffusasi nei paesi occidentali garantiva agli uomini. Promettevano in cambio di portare nella sfera pubblica un'altra morale, più altruista e seria, e un altro punto di vista sul mondo. Rivendicavano la loro differenza, sostenendo che l'ingresso di questa morale diversa sarebbe stato una ricchezza per tutta la società, e ribadivano irate – a chi avanzava dubbi in proposito – che non avrebbero mai e poi mai rinunciato al loro ruolo di madri.

Questo movimento politico, che culminò nelle manifestazioni per il diritto di voto intorno alla prima guerra mondiale, si accompagnò a un risveglio culturale importante: aumentarono considerevolmente le donne scrittrici, scienziate, artiste, e negli Stati Uniti un gruppo di donne si spinse perfino a chiedere una riforma religiosa, cominciando con il rileggere la Bibbia con occhi femminili.

Certo, le prime donne a laurearsi a fine Ottocento, e poi a svolgere professioni come la medicina o l'insegnamento, furono donne nubili, che sceglievano una sorta di "maternità" allargata rispetto a quella di una vita familiare, donne che svolgevano il loro lavoro come una missione. La letteratura ricorda impavide maestre, che iniziarono alla cultura intere generazioni, e dottoresse coraggiose ed eroiche, che pagarono la loro eccezionalità di donne emergenti in nuove professioni esercitandole con una dedizione straordinaria. Dedizione che, anche se si applicava a professioni fino a quel momento maschili, si manteneva per molti aspetti femminile, cioè rappresentava solo una variante più colta e professionalmente impegnata della capacità materna di offerta gratuita e assoluta. Le prime maestre, le prime dottoresse, e, quando finalmente ci furono, le prime donne avvocato, nonostante il piglio severo, erano una variante della figura materna. Il fatto stesso che molto raramente – e in questo caso spesso molto più tardi delle altre – si sposassero, faceva capire che per loro il lavoro era molto più di una professione, era un impegno totale, cioè una missione.

La castità spesso non era frutto di una vera e propria scelta, quanto di una costrizione esterna: le donne che lavoravano, e quindi economicamente non dipendevano da un uomo, erano guardate con molto sospetto. La libertà di cui godevano, agli occhi dei più, poteva facilmente diventare una libertà sessuale. Maria Montessori, una delle prime donne laureate in medicina in Italia, non aveva forse avuto un figlio illegittimo, tenuto nascosto per molti anni?

Mentre le nuove professioniste continuavano a vivere all'interno della società borghese – spesso insieme alla famiglia d'origine – e ne seguivano le norme, un percorso più rivoluzionario fu quello delle donne che parteciparono alla vita politica negli schieramenti progressisti: anche Anna Kuliscioff, socialista, ebbe una figlia illegittima, ma la allevò alla luce del sole, sfidando le convenzioni. Solo all'interno dei partiti cattolici le prime donne impegnate in politica rimasero "signorine": Tina Anselmi, la prima donna ministro in Italia, non si sposò mai.

Proprio per questo motivo le donne cominciarono a combattere contro l'abitudine diffusa di essere giudicate in base al proprio comportamento sessuale, reale o immaginato, e per questo condannate. Il caso di una maestra, Italia Donati – suicida per la disperazione a causa di calunnie infondate diffuse da uno spasimante respinto – fece molto rumore e mise finalmente alla luce questo problema drammatico. Era questo controllo implacabile e malevolo, sempre pronto alla condanna se una donna si permetteva di uscire dal modello obbligato di moglie-madre, a rendere così difficile e pericoloso il loro ingresso nella sfera sociale. Perfino una scienziata del calibro di Marie Curie, già insignita del premio Nobel, venne pubblicamente insultata sui giornali per una relazione sentimentale che – lei vedova – intratteneva con un collega sposato. Tanto che le venne richiesto di non recarsi a Stoccolma per ritirare il secondo premio Nobel che le era stato attribuito. La Curie naturalmente affrontò le critiche, e non se ne curò, recandosi a ritirare il premio, anche se la sua reputazione rimase a lungo oscurata da questo episodio.

Su questo punto, cioè l'adesione alle regole borghesi di comportamento sessuale, come più in generale sul ruolo materno, il movimento femminista cominciò presto a dividersi. Fin dalle origini, si può dire, il femminismo è stato infatti attraversato da due tendenze contraddittorie, da un lato quella a valorizzare la propria differenza e chiedere che venisse riconosciuta nel suo valore da tutta la società, e quindi a considerare la maternità un valore irrinunciabile, dall'altro la tendenza a diventare invece uguali agli uomini, sempre più simili a loro per essere accettate più rapidamente nella sfera pubblica, senza tanti problemi. La prima fase, che dura fino al secondo dopoguerra, vede un'affermazione del primo filone, quello che viene chiamato "della differenza", nonostante si stessero moltiplicando i casi di donne che, per la prima volta, si distinguevano in imprese originariamente solo maschili, dallo sport ai nuovi mezzi di trasporto, come le donne aviatrici.

Del resto, finché le donne entravano a piccoli gruppi nelle professioni maschili, il loro atteggiamento differente veniva tollerato, anche se ovviamente si trattava di un comportamento che implicitamente metteva sotto accusa quello maschile prevalente. In generale per gli uomini, infatti, la professione significava innanzi tutto carriera e guadagno, e solo in secondo piano la serietà dell'impegno. Donne così totalmente dedite al lavoro si potevano tollerare come eccezioni, ma non di più. Inoltre, e giustamente, cominciò a crescere nella popolazione femminile il desiderio di esercitare una professione senza rinunciare alla vita familiare, alla vita sessuale, condizione che ovviamente poteva realizzarsi solo con l'uso di anticoncezionali che permettessero di regolare le nascite secondo le loro esigenze.

La diffusione della pillola anticoncezionale negli anni Sessanta fu la risposta a questa esigenza, e neppure il veto della Chiesa servì a limitarne il ricorso. La scelta di molte donne giovani di servirsi della pillola per conciliare famiglia e lavoro segnò la saldatura fra rivoluzione delle donne e rivoluzione sessuale. La pillola è lo strumento indispensabile per mascherare le differenze: nel lavoro uomo e donna diventano intercambiabili, contano solo le competenze, la differenza fisica non conta più. A condizione che le donne rinuncino a se stesse.

La rivoluzione sessuale

La rivoluzione sessuale era iniziata anch'essa a fine Ottocento, ma al di fuori dell'ambito politico. All'inizio era nata con motivazioni che si pretendevano scientifiche: gli eugenisti volevano limitare le nascite degli esseri umani che non corrispondevano ai criteri di normalità per raggiungere il loro obiettivo, migliorare la razza. Il problema di controllare le nascite si poneva quindi come una questione medica, e avrebbero dovuto essere dei medici a decidere se e quando applicare queste restrizioni alla fecondità. Ma due donne, la svedese Ellen Key e l'americana Margaret Sanger, colsero l'occasione dell'eugenetica per alzare il tiro, cioè per proporre la liberazione delle donne da gravidanze non volute.

Tuttavia per passare dalla proposta eugenetica – che cadde in discredito dopo l'esperienza nazista – a una vera e propria accettazione dell'idea di separare l'esercizio della sessualità dalla riproduzione era necessario un cambiamento culturale profondo, e questo avvenne con l'aiuto delle scienze umane.

Sono state proprio le scienze umane infatti – e in particolare psicologia/psicanalisi e antropologia – a fornire le giustificazioni teoriche per un cambiamento che era nell'aria da decenni, ma non si decideva a decollare realmente.

La rivoluzione sessuale, figlia e sorella del '68, è stata innanzi tutto una rivoluzione intellettuale. Non a caso in quegli anni esplose parallelamente la vendita di libri, soprattutto quelli di scienze umane. In ogni paese si cominciò a tradurre l'opera omnia di Freud, che stava alla base di una nuova utopia, quella del piacere per tutti. Si fece strada così la convinzione che la vera rivoluzione sarebbe stata innanzi tutto sessuale.

Non dobbiamo sottovalutare l'importanza della psicologia, nuova scienza nata alla fine dell'Ottocento, nell'offrire quelle basi che si volevano scientifiche alle proposte rivoluzionarie di cui sopra: agli occhi di moltissimi affrontare la questione sessuale dal punto di vista psicologico voleva dire applicare il metodo scientifico a un aspetto decisivo dell'esistenza umana, al fine di scoprirne le leggi, che dovevano essere naturalmente leggi universali come quelle della fisica e della chimica.

Che la questione sessuale fosse un affare essenzialmente di psicologia lo aveva già capito a fine Ottocento il medico inglese Havelock Ellis, autore di un'opera in sette volumi intitolata *Studies in the Psychology of Sex (1897-1928)*, apprezzata anche da Freud. Ma se molti fra psicologi e psichiatri avevano teorizzato la libertà sessuale come condizione necessaria per migliorare l'umanità e arrivare alla felicità – oltre a Havelock Ellis, Krafft-Ebing, Breuer, Forel – prima di Freud nessuno aveva esplicitamente postulato un legame tra sessualità e nevrosi. Con Freud la psicanalisi ha avuto la presunzione di supplire a tutte le forme precedenti di conoscenza, di dare una spiegazione a ogni comportamento umano, e soprattutto di spiegare tutto con la sessualità. Proprio per questo Freud era stato paragonato dai suoi discepoli a Darwin, perché secondo loro c'era voluto un immenso coraggio intellettuale per guardare in faccia la triste realtà sessuale e affrontare le resistenze da essa suscitate. I medici suoi contemporanei infatti avevano avanzato molte critiche all'insistenza univoca sulla sessualità da parte di Freud, sostenendo che non si poteva ricondurre tutti i disturbi psichici a una causa sessuale. La psicanalisi fu accettata con facilità nei paesi anglosassoni, di matrice protestante – come l'Inghilterra vittoriana – dove la repressione sessuale era certamente più forte che nei paesi cattolici, ma il problema dell'insistenza sull'origine sessuale delle malattie mentali portò alla rottura fra Freud e molti dei suoi migliori seguaci, a cominciare proprio da Jung. Curiosamente, però, ruppe con Freud anche un suo allievo viennese, Wilhelm Reich, che aveva portato alle estreme conseguenze la proposta del maestro, e che avrebbe conosciuto una straordinaria fortuna proprio negli anni Sessanta.

In quegli stessi anni gli inizi della psicanalisi, la sua attenzione sul tema sessuale, trovarono un importante sostegno nell'antropologia: non è certo un caso che il famoso libro di Bronisław Malinowski *La vita sessuale dei selvaggi nella Melanesia nord-occidentale* – che metteva in questione le regole repressive sulla sessualità presenti nella società inglese – fosse uscito nel 1929 con l'introduzione di Havelock Ellis, e che negli anni Trenta avesse riscosso uno straordinario successo la ricerca di Margaret Mead dedicata all'iniziazione sessuale degli adolescenti samoani. Il libro della Mead voleva provare che esistevano società senza proibizioni sessuali, totalmente libere, e proprio per questo prive di nevrosi. Circa quarant'anni dopo, però, un ricercatore tornato sul posto scoprì che l'antropologa era stata ingannata dai suoi informatori: le regole sessuali esistevano, ed erano rigide. Ma il libro ormai aveva sortito il suo effetto "liberante".

A Wilhelm Reich dobbiamo l'espressione "rivoluzione sessuale", titolo di una sua opera del 1936, tradotta in italiano nel 1963, circa dieci anni prima di un suo libro analogo, *La lotta sessuale dei giovani*, e della traduzione della sua opera più conosciuta, *La psicologia di mas-*

sa del fascismo. Si trattava, almeno per i primi due volumi, di pamphlet politici sulla base della teoria psicanalitica, che chiamavano i giovani a ribellarsi contro la repressione sessuale imposta dagli educatori, le religioni, i quadri politici. Alla repressione sessuale veniva addebitato ogni cattivo sentimento, in particolare l'aggressività: dietro ai soavi libertari figli dei fiori c'era l'ombra di questo agguerrito comunista austriaco che aveva spostato sul piano sociale le scoperte che Freud aveva limitato alla sfera individuale.

La libertà sessuale assumeva così le caratteristiche di una vera e propria utopia ideologico-politica: grazie alla fine della severa regolamentazione che tradizionalmente aveva accompagnato la vita sessuale, tutti sarebbero stati meno nevrotici e aggressivi. In un mondo di esseri umani felici e appagati, la violenza sarebbe diminuita e forse scomparsa: così anche la prostituzione non avrebbe più avuto ragione di esistere.

Infatti, tutte le forme di utopia che hanno segnato la trasformazione del legame matrimoniale fra Ottocento e Novecento – a cominciare dalla rivoluzione romantica che proponeva il matrimonio come libera scelta amorosa fra i coniugi, per arrivare alla liberazione sessuale – hanno promesso la fine della prostituzione, cosa del resto annunciata anche dalla rivoluzione socialista. In sostanza, si pensava, e si prometteva che la liberazione della morale sessuale avrebbe reso inutile l'"amore mercenario", cioè avrebbe fatto sì che l'atto sessuale non sarebbe mai stato fatto a forza, o comunque per effetto di qualche costrizione, ma solo per libera scelta. Oggi però dobbiamo ammettere che il crescente numero di prostitute – a cui si sono aggiunti trans e giovinetti in quantità allarmanti – nelle strade delle nostre città e dei nostri paesi costituisce la prova evidente del fallimento di queste utopie. Ma nessuno pare prenderne atto, e la rivoluzione sessuale gode ancora una sorprendente buona stampa.

La fine della prostituzione – considerata l'ovvio risultato di una felicità diffusa, raggiunta attraverso la liberazione sessuale – era promessa anche da altri due guru della rivoluzione sessuale: l'entomologo, poi sessuologo, Alfred Kinsey, autore di una meticolosa inchiesta sulla vita sessuale degli americani – pubblicata nel 1948 e tradotta in italiano nel 1955, con introduzione di un celebre psicanalista, Cesare Musatti – e W. Masters e V. Johnson, autori dell'inchiesta uscita negli Stati Uniti nel 1966 e tradotta da noi nel 1968. Entrambe le inchieste si presentavano come una conferma scientifica delle ipotesi psicanalitiche, e si proponevano di giustificare, con la loro pretesa serietà, le proposte di abolizione di norme tradizionali regolanti la sessualità.

Molti decenni dopo, una più attenta analisi dei dati raccolti e delle modalità di elaborazione di queste ricerche ha portato però a dubitare del valore scientifico del lavoro svolto dai suddetti ricercatori americani, a cui si è aggiunta un'ombra morale sugli stessi autori, rivelatisi prepotenti sfruttatori sessuali dei collaboratori sotto il velo della libertà. Ma ormai i loro libri avevano svolto il loro ruolo legittimando con la scienza i progetti di rivolta alle regole morali dominanti. Il fatto che fossero libri scientificamente insostenibili non ha prevalso infatti sulla loro caratteristica principale: quello di essere i libri giusti al momento giusto, che dicevano quello che tutti volevano sentirsi dire. Per questo sono serviti a giustificare operazioni come quella di Hugh Hefner (allievo di Kinsey), l'inventore di «Playboy», il magazine che mescolava immagini femminili erotiche con ottimi articoli scritti da intellettuali maschi, e che si diffuse rapidamente in tutto il mondo, o come i film che cominciavano a offrire esempi di individui "coraggiosi" che violavano le regole tradizionali e trovavano così la felicità.

Il controllo delle nascite

Si prospettava così un attacco culturale all'istituzione che ha sostenuto e difeso queste regole, cioè la famiglia, e in particolare all'autorità esercitata dalle generazioni più anziane sui giovani, e a quella esercitata dai maschi sulle donne. I tentativi di creare nuove forme di vita quotidiana, come le comuni e il libero amore, fallirono però rapidamente, ma rimase in piedi la proposta oggettivamente distruttiva della famiglia.

Se il principio di piacere diventa l'unico criterio di scelta, infatti, la famiglia diventerà inevitabilmente fungibile e ruotabile come ogni altro rapporto perché il piacere deve essere continuo e la ricerca dei modi e delle persone con cui procurarselo tendenzialmente svincolata da ogni legame. Infatti, se ogni membro della famiglia insegue un suo sogno di libertà erotica, viene a trovarsi separato totalmente dagli altri. Per cui nel suo sbocco finale questo attacco alla famiglia, partito dalla coppia aperta, finisce per prendere la forma di una fungibilità completa etero-omo-sessuale di tutti i suoi membri.

Nella pratica, questi nuovi modelli di comportamento potevano realizzarsi grazie alla scoperta di nuovi anticoncezionali, in particolare della pillola.

La scoperta della pillola da parte del dottor Pincus nei primi anni Sessanta fu il risultato di anni di lavoro finanziati e coordinati dalla celebre militante statunitense Margaret Sanger che, dopo aver fatto dimenticare le sue origini eugeniste, aveva trasformato le varie istituzioni mondiali di cui era a capo, ampliandole ulteriormente, in una gigantesca ONG – la IPPF – finalizzata proprio al controllo delle nascite in tutto il mondo. Questa volta il suo progetto di liberazione delle donne dal loro destino biologico si appoggiava sulla paura di una crescita incontrollata della popolazione mondiale, soprattutto di quella del Terzo Mondo. Erano gli anni in cui si parlava molto di bomba demografica, che avrebbe condotto l'umanità alla fame e quindi all'estinzione. E dall'altra parte si prometteva sviluppo economico e benessere a coloro che avessero limitato il numero di figli. In questa prospettiva la promessa non era la felicità e la fine delle nevrosi raggiunte con la liberazione dell'eros, bensì la pace familiare e la nascita di nuove generazioni di figli migliori. Ma in sostanza, anche in questo caso, l'utopia di un mondo migliore, privo di violenza e d'infelicità. Delle donne, ovviamente al centro di questa rivoluzione, si parlava poco. Ed è veramente curioso perché le donne erano al cuore del problema: sia in senso positivo, cioè come protagoniste della possibilità di separare la sessualità dalla procreazione, cosa fino a quel momento impensabile, sia perché erano loro a pagare il prezzo del nuovo anticoncezionale che, alterando l'equilibrio ormonale, soprattutto nei primi tempi provocava inconvenienti fastidiosi – come gonfiore e nausea – e spesso anche danni alla salute.

Quella che era sembrata in un primo momento una via di liberazione delle donne, che potevano decidere – grazie alla pillola – se procreare o meno, divenne quasi subito un obbligo. Sono le donne infatti a doversi far carico dei fastidi fisici legati alla pratica anti-concezionale e delle eventuali contro-indicazioni, perché la responsabilità della procreazione ricade ancora una volta solo su di loro. E questa divisione dei compiti rimarrà tale anche in futuro, sempre egualmente limitata alle donne, fino a oggi. Le successive tappe sulla strada della separazione fra sessualità e procreazione, infatti, dalla legalizzazione dell'aborto alla pillola del giorno dopo, sono sempre a carico delle donne. Si tratta quindi di vittorie in un certo senso apparenti della libertà femminile, ma nella realtà nuove forme di asservimento del corpo femminile. Se prima le donne erano costrette a procreare, adesso devono pagare nel loro corpo l'appena acquisita libertà sessuale svincolata dalle conseguenze procreative.

La pillola anticoncezionale, tra l'altro, spegne il desiderio sessuale femminile, come spiegano tutti i foglietti di istruzioni che accompagnano le confezioni delle stesse pillole e che indicano il calo della libido tra gli effetti collaterali possibili. «Da noi» scrive la Hagot «le donne si proclamano a gran voce "libere, liberate" quando sono permanentemente sotto il controllo di ormoni che fanno tacere il loro corpo. Da noi, le donne vantano le virtù di una pillola che diminuisce la loro potenza sessuale. Da noi, le donne si rendono infertili da sole e pensano ingenuamente che questo conferisca loro un potere sugli uomini. In realtà questa disposizione permanente del corpo all'atto sessuale senza rischio di gravidanze va a sicuro vantaggio degli uomini:

la soddisfazione del desiderio sessuale maschile non è contrastata, resta intoccabile»[3].

Ma l'ideologia dominante ha impedito, e impedisce tuttora, di vedere questa realtà: «Nel fondo dei suoi fantasmi, ogni persona, ogni uomo, ogni donna, era un rivoluzionario in potenza» scrive Tobie Nathan nella sua autobiografia «bastava spiegargli che la ritenzione della sua pulsione sessuale produceva nevrosi e sintomi analoghi. Bastava spiegargli che questi sintomi soffocavano la sua creatività, inibivano la sua felicità, ed eccolo divenuto militante della rivoluzione in corso. Noi avevamo scoperto una leva universale. È così che pensavamo allora. È così che è andata avanti la rivoluzione del '68»[4].

Il fatto che sia stata una rivoluzione "libresca" – cosa che costituisce sicuramente un paradosso per quella che doveva essere una festa dei corpi, un ritorno alla natura – ha fatto sì che i ragionamenti si svolgessero come se noi non avessimo dei corpi, come se gli esseri umani fossero dei soggetti astratti definiti da caratteristiche universali. Cancellata la differenza fra maschio e femmina, cioè cancellata la maternità attraverso la diffusione dei nuovi contraccettivi chimici, il sesso diveniva una pratica disancorata dalla realtà concreta, caratterizzata dalla liber-

3. T. Hargot, *Una gioventù sessualmente liberata (o quasi)*, Sonzogno, Venezia, 2017, p. 102.

4. T. Nathan, *Ethno-roman*, Grasset, Paris, 2012, p. 335.

tà e dalla leggerezza. Il sesso cioè doveva essere quello che si desiderava che fosse: un'occasione ludica, un momento di piacere che non metteva in campo responsabilità, doveri.

Non era in realtà la pratica sessuale, dunque, che doveva adattarsi ai desideri e alle esigenze delle persone che la praticavano, ma le persone che dovevano essere in grado di svolgere un'attività sessuale secondo il modello proposto. Era l'ideologia che dominava una pratica che pretendeva di definirsi naturale, l'ideologia che sostituiva la morale. Ma con questa differenza: la morale si ispirava sì a principi di valore, ma si adattava alla concretezza dei corpi, si organizzava intorno alla realtà della procreazione. L'ideologia si fondava sul desiderio astratto, pensando di poter manipolare la realtà dei corpi.

Se i libri sono stati fondamentali per questo cambiamento, non dobbiamo trascurare il fatto che i loro autori, questi profeti della rivoluzione, sono tutti uomini. Le donne si sono limitate a un'opera di fiancheggiamento con scritti autobiografici, nei quali racconteranno qualche anno dopo il loro personale percorso di liberazione, naturalmente sempre in toni entusiastici. Ma in generale pagheranno questo impegno con una difficoltà crescente a vivere l'esperienza della maternità.

In una prospettiva del genere le ricerche dei medici, a cominciare da Freud, vengono lette come le opere di veri e propri *maître à pen-*

ser, divenendo la chiave di questa utopia che si propone di riportare il sesso a un preteso stadio naturale, abolendo ogni regola. Senza accorgersi, però, che per realizzarsi la rivoluzione sessuale ha bisogno assoluto degli anticoncezionali, che svolgono l'operazione più "antinaturale" che esista, cioè la separazione fra sessualità e riproduzione. La sessualità desiderata è infatti quella ludica, senza rischi e responsabilità, una sessualità che necessariamente si colloca al di fuori della famiglia e, in fondo, anche al di fuori di ogni prospettiva di costruzione sociale e al limite anche al di fuori del rapporto eterosessuale. A guardar bene sono solo i gay infatti in grado di realizzare, senza supporti biotecnologici, l'obiettivo desiderato. Sta in questa rivalutazione del sesso senza riproduzione una premessa decisiva, io credo, dell'accettazione della sessualità omosessuale, che a un certo punto ha caratterizzato la nostra cultura nonché la tendenza alla promiscuità anche da parte di persone che non si definiscono omosessuali. Se non si vede più la differenza fra etero e omosessualità, perché entrambe le sessualità escludono la riproduzione, diventa facile considerarle e praticarle allo stesso modo.

Il politicamente corretto che ancora impera su questi argomenti impedisce di cogliere il fallimento delle promesse, la contraddittorietà degli assunti, la fallacia dei libri fondativi. Soprattutto la persistenza del mito della "naturalità" da riconquistare impedisce di vedere come il rapporto sessuale, sganciato dalla riproduzione, liberato da ogni regola che ne delimiti la funzione sociale, sia diventato un consumo come un altro. La libertà di godere si confonde con la libertà di comprare, e il libero amore sollecita acquisti di biancheria intima, frequentazione di istituti di bellezza e palestre, turismo e serate in locali notturni, mentre il turismo sessuale è diventato uno dei principali business del mondo contemporaneo, testimoniando tra l'altro, insieme alla prostituzione a casa nostra, come la liberazione sessuale non abbia mantenuto nessuna delle sue promesse di felicità. Anzi, in questo modo essa ha aggravato lo sfruttamento fra esseri umani. Con risultati di peggioramento delle condizioni esistenziali di molti, come lucidamente scrive lo scrittore francese Houellebecq: «Nelle nostre società, il sesso rappresenta un vero e proprio secondo sistema di differenziazione, del tutto indipendente dal denaro; e si comporta come un sistema di differenziazione altrettanto impietoso. Gli effetti di questi due sistemi sono del resto strettamente equivalenti. Così come il liberalismo economico senza freni, e per ragioni analoghe, il liberalismo sessuale produce dei fenomeni di pauperizzazione assoluta. Alcuni fanno l'amore ogni giorno; altri cinque o sei volte nella loro vita, o mai. Alcuni fanno l'amore con decine di donne; altri con nessuna. È ciò che si chiama "legge di mercato". In un sistema economico in cui il licenziamento è proibito, ognuno riesce più o meno a trovare il suo posto. In un sistema sessuale in cui l'adulterio è proibito, ognuno riesce più o meno a trovare il suo compagno di letto. In un sistema economico perfettamente liberale, alcuni accumulano fortune considerevoli; altri languono nella disoccupazione e nella miseria. In un sistema sessuale perfettamente liberale, alcuni hanno una vita erotica varia ed eccitante, altri sono ridotti alla masturbazione e alla solitudine...»[5]

Gli effetti sulle donne

Quali sono state per le donne le conseguenze della rivoluzione sessuale in nome della quale si sono battute negli anni Settanta? Il risultato finale, mi sembra, è ben lontano da essere positivo. Oltre al già illustrato onere della contraccezione farmacologica, da assumere nel proprio corpo, le donne si trovano a fare i conti con una modalità di fruizione sessuale prettamente maschile, alla quale sono tenute ad adeguarsi per essere considerate parte del gruppo, "moderne". Scrive una giovane sessuologa belga, che insegna educazione sessuale a Parigi, Thérèse Hargot: «Dietro le loro allures di ragazze brillanti e libere di scegliere il loro destino, queste adolescenti si fanno trattare da merce in vendita, da cavie,

5. M. Houellebecq, *Estensione del dominio della lotta*, Bompiani, Milano, 2000, p. 83.

da zoccole e da serrature, senza fiatare. Abituate a questi luoghi comuni, hanno finito per interiorizzarli. Non potrebbero essere più docili (...) le ragazzine offrono servizi sessuali di loro spontanea volontà, in fondo al corridoio nei bagni della scuola»[6]. Di questa miseria sessuale ha una grande responsabilità la diffusione della pornografia, accessibile facilmente a tutti e a tutte le età, come mai avvenuto prima. La pornografia, che la Hargot definisce come «uno stupro dell'immaginario», condiziona soprattutto i maschi, e li induce a considerare le donne come oggetti di piacere e di dominio.

In sostanza, si è passati dal dovere di riprodursi al dovere di godere, in una condizione in cui le donne, confinate nell'infertilità, forniscono un corpo femminile permanentemente disponibile per procurare e ricevere piacere sessuale.

Le ragazze devono garantire l'infertilità, a costo di pagare un caro prezzo con il loro corpo: dalle tempeste ormonali scatenate dalle pillole del giorno dopo all'aborto vero e proprio. Per loro avere figli è diventato un desiderio difficile da realizzare: i giovani maschi, infatti, non hanno alcuna voglia di assumersi questa responsabilità, che un tempo veniva resa meno pesante dal fatto che coincideva con l'inizio della vita sessuale. Oggi essi sanno di avere tutto il tem-

6. T. Hargot, *Una gioventù sessualmente liberata (o quasi)*, cit., pp. 14-15.

po che vogliono davanti. Per le ragazze, invece, il problema dell'orologio biologico è ben reale e presente, e neppure la procreazione assistita l'ha risolto. Questa sfasatura nei tempi della vita a proposito della procreazione rende sempre più difficile, per le donne, realizzare i propri desideri di maternità e crea un nuovo tipo di diseguaglianza fra i sessi. Proprio tutto ciò che doveva rendere le donne sempre più eguali agli uomini – dal momento che una simile prospettiva si fondeva sulla cancellazione della maternità – ha creato una nuova e drammatica frattura fra i sessi, che si traduce come sempre in uno svantaggio per le donne.

Senza contare che le infezioni e le malattie sessualmente trasmissibili conoscono oggi una vera esplosione, e a questo nuovo pericolo si risponde consigliando incessantemente l'uso del preservativo: una prescrizione che indica che l'atto d'amore è potenzialmente portatore di un pericolo, e che l'essere desiderato è un essere ostile. Ovviamente, le altre strade per sfuggire al contagio – cioè l'astinenza e la fedeltà – non sono considerate proponibili. Si fa fatica ad ammettere che forse il corpo umano non è fatto per i liberi scambi sessuali.

Scrive sempre Hargot che «sottraendo al corpo il suo valore sacro, di cui la morale paternalista si voleva garante, esso ha guadagnato un valore di scambio, cioè di mercato». Non è più la sessualità a essere sacra in quanto legata alla procreazione, ma è il consenso, cioè il principio che regge la rivoluzione sessuale che, da solo, dà valore morale all'atto sessuale. La domanda fondamentale è sempre quella: "lei" era consenziente? Senza pensare ai possibili condizionamenti sociali, alle pressioni psicologiche e alle influenze culturali che hanno condotto al rapporto sessuale.

Donne e uomini

Ma in realtà l'ideologia dell'eguaglianza fra i sessi, se si basa sull'uguaglianza fisica e si prospetta quindi come eliminazione della grande e ingombrante differenza rappresentata dalla maternità, non arriva mai a realizzarsi dal momento che contraddice la realtà. Ma ciononostante l'ideologia di cui sopra continua a muoversi su questo piano, quello della cancellazione della differenza biologica, alla vana ricerca di una base solida sulla quale appoggiarsi. Perché in effetti la tensione all'eguaglianza che pervade tutte le ideologie nate dopo la Rivoluzione francese non riesce mai a trovare riscontro nella realtà, vista l'enorme differenza che passa fra gli esseri umani, a cominciare da quella fra donne e uomini. Vorrei qui ricordare che perfino il progetto di offrire una famiglia a chi naturalmente non la può avere, come le coppie omosessuali, per sancirne l'eguaglianza, si scontra, nella realtà, nell'enorme differenza che divide le coppie maschili da quelle femminili sul piano della generazione.

Così grande da avere indotto molti stati a legislazioni differenti in un caso e nell'altro.

Le ideologie che si sono susseguite nella storia hanno cercato pertanto di cancellare quelli che sembravano essere nella vita concreta i diversi ostacoli alla realizzazione dell'eguaglianza. Il comunismo ci ha provato con la cancellazione della proprietà privata, l'eugenetica ci ha provato – e in parte ci sta ancora provando – con l'eliminazione della malattia, che diventa eliminazione dei malati.

Anche la tradizione giudaico cristiana si basa sull'eguaglianza fra tutti gli esseri umani, ma non conosce la difficoltà di definizione tipica delle ideologie perché in questo caso l'eguaglianza è data da un fattore esterno, e superiore: siamo tutti eguali perché tutti figli di Dio. Nella cultura cristiana, quindi, le differenze esistenti non mettono mai in discussione l'eguaglianza costitutiva di base.

Invece l'ideologia dell'eguaglianza chiede sempre nuove prove, chiede sempre di eliminare nuovi ostacoli. Così si spiega la terribile forzatura inerente alla teoria del gender che si sta oggi consumando nella cultura occidentale.

Che uno dei problemi centrali nel grande cambiamento della modernizzazione stesse proprio nel modo di concepire e quindi di interpretare il rapporto fra le donne e gli uomini lo aveva scoperto e scritto una delle menti più brillanti del Novecento, Ivan Illich, autore, per dirla con le parole di Giorgio Agamben «di una delle critiche filosofiche più ampie e coerenti dei poteri devastanti del progressismo»[7]. Nel libro dal titolo originale *Genere e sesso*, edito nel 1983, si parla per la prima volta di gender, contrapponendolo al sesso, in una definizione opposta a quella che negli anni più recenti è diventata cavallo di battaglia di movimenti femministi e omosessuali. Secondo Illich il gender è parte costitutiva di quella che lui chiama la cultura vernacolare, e che per chiarezza potremmo chiamare cultura tradizionale, precapitalistica, in cui la definizione dell'identità di ciascun essere umano si iscrive in una dualità che distingue «i luoghi, i tempi, gli utensili, i compiti, i modi di parlare, i gesti associati agli uomini da quelli associati alle donne». A questa cultura si contrappone quella moderna, fondata sul sesso, cioè fondata solo sulla differenza fisica, alla quale sovrapporre una società in cui il lavoro è diventato "neutro", cioè che può essere fatto indifferentemente da un uomo o da una donna.

Mentre il primo modello, quello del gender, sottintende una complementarità diseguale e dinamica fra donne e uomini, il secondo porta a una sottomissione alla logica economica capitalistica. Mentre con il gender, infatti, donne e uomini divenivano indispensabili gli uni alle al-

7. I. Illich, *Gender. Per una critica storica dell'uguaglianza*, Beat edizioni, Vicenza, 2016, p. 12.

tre, con il nuovo sistema, che Illich definisce del sesso, essi rimangono individui isolati, e alla definizione della loro identità non concorrono più i legami sociali di una comunità intera, ma i desideri del singolo.

Sempre secondo Illich, il passaggio dalle due forme di civiltà coincide con l'avvento del capitalismo: «I soggetti neutri sono i produttori individuali. È curioso che non si sia ancora riconosciuto che questa trasformazione decisiva è condizione antropologica fondamentale per spiegare il passaggio dall'economia precapitalistica a quella crescente dipendenza dalle merci per la soddisfazione dei bisogni quotidiani che viene chiamata capitalismo»[8].

Sia nelle culture del gender che in quelle del sesso, le donne devono affrontare gli uomini: «le due matrici, però, le dotano di un potere relativo differente. Nel regno del genere uomini e donne sono collettivamente interdipendenti; e questa dipendenza reciproca pone limiti alla lotta, allo sfruttamento e alla frustrazione. La cultura vernacolare è una tregua, a volte crudele, tra i generi». Mentre, al contrario di quanto comunemente si pensa, il sesso «impone a ogni donna una guerra continua e tipi di frustrazione sempre nuovi (...) le donne sono eternamente handicappate in giochi che hanno poste neutre e nei quali si può solo vincere o perdere. Quando en-

8. *Ivi*, p. 213.

trambi i generi vengono spogliati e neutralizzati, è sempre l'uomo ad avere il sopravvento»[9].

L'approccio storico con cui Illich affronta il tema gli suggerisce di aprire anche il fronte dell'omosessualità, scoprendone l'origine piuttosto recente. «Prima del Rinascimento una persona non poteva considerarsi un omosessuale come non poteva considerarsi uno scrittore: preferiva semplicemente i ragazzi alle donne o era bravo a scrivere versi. Un uomo poteva essere dedito alla sodomia come poteva avere un carattere violento (...) nessuno di questi termini aveva il carattere diagnostico che ha oggi. Il fare l'amore con altri uomini non rendeva intrinsecamente "diverso" un uomo» perché, egli conclude, «nel regime del genere era impossibile immaginare l'omosessuale come un'identità particolare»[10].

Il termine stesso di omosessuale è di uso assai recente, essendo stato introdotto per la prima volta alla fine dell'Ottocento, in ambito eugenetico, per definire come malati i devianti sessuali, e come tali inchiodarli a una identità diversa e anormale.

È quindi paradossale che il movimento ideologico che, alla fine del Novecento, ha individuato nel gender – inteso come la costruzione culturale dell'identità sessuale – il nemico da abbattere per aprire la strada alla vera eguaglian-

9. *Ivi*, p. 221.

10. *Ivi*, p. 188.

za fra uomini e donne e fra etero e omosessuali, sia stato sostenuto soprattutto da coloro che, se assumiamo il punto di vista di Illich, da questa trasformazione avevano di più da perdere, cioè le donne e gli omosessuali. Questi ultimi, chiusi in una gabbia identitaria che li definisce come diversi, sono quindi disperatamente spinti a cercare l'eguaglianza, a diventare "come gli altri" fondando una famiglia impossibile.

Ma oggi queste cose non si possono dire. Così come non si può dire che la richiesta di matrimonio e filiazione da parte dei gay non appartiene al regno dei diritti, cioè a quell'allargamento dei diritti dell'individuo che nella nostra società sembra segnare il cammino luminoso del progresso umano. È invece da ascriversi alle conseguenze della rivoluzione sessuale, una rivoluzione fondata sull'utopia e travestita da teorie scientifiche false, una rivoluzione fallita, ma che è ancora ideologicamente così forte da imporre il silenzio sul proprio fallimento.

Essa è fallita trascinando nel suo fallimento molti problemi, che siamo lontani dall'avere risolto. Quasi tutti riguardano la maternità, e più in generale la specificità femminile che appunto sulla maternità si fonda.

Il diritto al figlio

La forte spinta a controllare la fertilità fino a eliminarla dalla propria vita, che ha contraddistinto gli ultimi decenni del Novecento, ha provocato una ondata opposta: quella della richiesta di avere un figlio a tutti i costi. Anche se il dilagare della sterilità – soprattutto maschile – e l'aumento dell'età media in cui le donne decidono di procreare rendono oggi quello che era un evento naturale e facile un percorso a ostacoli che richiede sempre più spesso l'assistenza medica. Che vogliamo ammetterlo o no, è questa l'altra faccia dell'aborto e della contraccezione. Se si interviene nel complesso e fragile equilibrio che presiede alla procreazione, si possono verificare molte conseguenze indesiderate, perché il corpo umano non è una macchina di cui chiudere e aprire i rubinetti a seconda del nostro desiderio.

Alle coppie sposate o conviventi che cercano, sempre più tardi, di procreare e incontrano difficoltà, si sono aggiunti casi che non hanno nulla a che vedere con la sterilità, ma molto con il desiderio, quelli cioè delle coppie omosessuali che vogliono un figlio, una famiglia. Coppie che si pongono apertamente al di fuori del paradigma naturale, e che pure cercano di mantenere un piede nella biologia attraverso l'uso di materiale genetico di almeno uno dei membri della coppia. Coppie per le quali evidentemente l'identità sessuale pesa tantissimo ai fini della procreazione: coppie di donne e coppie di uomini non sono certo sullo stesso piano, cosicché è difficile pensare a leggi e normative valide per entrambi i sessi.

Queste coppie, per realizzare il loro progetto, hanno però un problema in comune: tramutare il desiderio in diritto, un diritto che non è previsto da nessun sistema giuridico, il diritto al figlio. Nei discorsi e nei dibattiti delle nostre società, a poco a poco, il diritto al figlio, anche se non corrisponde a nessuna definizione giuridica, sta soppiantando il diritto del bambino.

Un diritto incomprensibile anche perché non si capisce chi lo dovrebbe garantire: lo stato, forse? O i medici? Nessuno in realtà ha il potere di farlo.

Inoltre, dal momento che i fornitori di gameti – indispensabili per realizzarlo – sono considerati donatori, è evidente che non possono essere sottoposti a un obbligo. Entrano infatti in gioco qui principi fondamentali: l'indisponibilità del corpo umano, e il fatto che non si può fare del bambino l'oggetto di un diritto patrimoniale. Il ruolo del diritto, infatti, è semmai quello di proteggere il bambino, così come stabilito non a caso dalle Nazioni Unite e dall'articolo 24 della Carta dei diritti dell'Unione Europea. E cosa significhi operare nell'interesse del bambino lo esemplifica con chiarezza il confronto fra adozione e accettazione della filiazione con madre surrogata: l'adozione è una istituzione nata a favore del bambino già nato, che può così beneficiare di una famiglia stabile sostitutiva, mentre la gestazione per altri (GPA) è una pratica stabilita nel solo interesse dei committenti. Chi ricorre alla procreazione medicalmente assistita (PMA) e alla GPA non si domanda quale sia l'interesse del bambino, ma vuole solo realizzare il suo cosiddetto "progetto parentale".

In sostanza, il diritto al bambino si contrappone al diritto del bambino, perché in questi casi si instaura un chiaro conflitto di interessi fra bambino e genitori. Nel caso della GPA, però, è difficile tutelare giuridicamente il bambino, perché il diritto del bambino viene attivato quando il bambino nasce, quindi non lo si può difendere prima della GPA, ma solamente dopo, quando è nato, ed è già troppo tardi[11] per intervenire. Perché il diritto al bambino si configura come problema in un tempo antecedente alla filiazione, e in genere negli ordinamenti giuridici «il bilanciamento degli interessi fra gli uni – i futuri genitori – e l'altro – il bambino – viene valutato malauguratamente in momenti differenti: per la committente al momento della maternità, prima che nasca il bambino; per il bambino, dopo che è nato»[12]. In sostanza, con l'accettazione della GPA in nome di un diritto che non esiste, il diritto al figlio, si abbandona il bambino al desiderio di onnipotenza degli adulti.

Anche se il "diritto al bambino" non è sta-

11. Cfr. Mission de recherche Droit et justice - Université de Reims, *Le "droit à l'enfant"*, cit., p. 51.

12. *Ibid.*

to ufficialmente riconosciuto, una serie di norme che nascono dall'applicazione della PMA e della GPA ne rende di fatto evidente l'esistenza.

Oggi esiste una sorta di ordine pubblico "famigliare europeo", formato dalle dichiarazioni dei diritti e delle libertà che discendono dalla emanazione di istanze europee. Esso è costituito dai grandi principi come per l'appunto l'esigenza di proteggere il bambino. Questo "ordine pubblico" di fatto è però incompatibile con l'istituzionalizzazione delle fattispecie di diritto al figlio anche se proprio in area europea stanno rapidamente affermandosi norme che rendono possibile l'esistenza di tali fattispecie[13]. Dopo la legge che permette il matrimonio fra persone dello stesso sesso, infatti, i tribunali tendono sempre di più a emanare sentenze su casi singoli favorevoli al riconoscimento del "diritto al figlio".

D'altra parte il diritto privato internazionale è seriamente messo alla prova dalla circolazione di genitori e bambini a scopo procreativo. Da una parte infatti la libertà economica e di circolazione sancita dal diritto dell'Unione Europea, dall'altra il rispetto dovuto alla vita privata e familiare di ciascuno fanno emergere a poco a poco tendenze a riconoscere situazioni costituite all'estero anche se non previste dal diritto del paese giudicante. Grazie a questi singoli ma per-

13. *Ivi*, p. 264.

cettibili cambiamenti, l'ordine giuridico di riferimento diviene quello in cui il bambino è nato e non già quello al quale appartiene la sua famiglia, quello in cui si troverà a vivere. Ci si trova così davanti a una sorta di fatto compiuto giuridico, che sancisce il diritto al figlio anche dove non è riconosciuto. In sostanza «questo approccio privilegia i bambini che esistono, e non quelli che sono passibili di venire al mondo, finendo con l'aggiungere una ingiustizia a un disordine del quale non sono responsabili»[14].

Ma dal momento che il bambino ha diritto a uno status giuridico, cioè a un nome, a una nazionalità, a una identità eccetera, come realizzare questi diritti di fronte a una situazione che si è costituita in violazione di una regola destinata a proteggerlo?

14. *Ivi*, p. 199.

Donne in vendita

Una foto

Questa foto l'ho vista sul supplemento settimanale femminile del «Corriere della Sera», e la considero un esempio eloquente della manipolazione culturale nella quale siamo immersi. Mostra belle e giovani donne indiane, vestite con graziosi sari colorati, che ridono felici, vistosamente incinte. Sembrano contente dei loro abiti nuovi, della vita tranquilla, senza lavoro e del buon nutrimento quotidiano che assicura loro l'ospitalità obbligatoria in una casa "igienicamente controllata" per il periodo della gravidanza a contratto. Una foto allegra, che conferma il contenuto dell'articolo, reportage di una giornalista occidentale in un centro che organizza l'affitto dell'utero di donne indiane a beneficio di ricche coppie occidentali. Le donne intervistate esibiscono la loro gioia di poter realizzare dei sogni per la loro famiglia – una nuova casa, far studiare un figlio eccetera – "donando" un figlio a chi non lo può avere. Doppia felicità, si direbbe: quella di far felice altri esseri umani, e insieme di realizzare un progetto per sé.

Sono visibilmente e chiaramente appartenenti a una etnia diversa da quella delle coppie che le “affittano”. Ormai infatti si sta affermando la delocalizzazione delle gestazioni, grazie alla possibilità di trasportare gli embrioni congelati, e alla certezza che le madri gestatrici non trasmetteranno ai neonati le loro caratteristiche, soprattutto il colore della pelle.

Queste donne non vivono nelle loro famiglie, ma in un luogo separato, al sicuro da malattie e dalla sporcizia che la loro origine povera avrebbe fatalmente comportato. Devono portare a termine il loro lavoro in condizioni ottimali, di nutrizione e di igiene. Questa parentesi viene proposta, agli occhi del lettore, come una piacevole vacanza. Rallegrata poi dai progetti che possono fare per migliorare la propria vita con i soldi guadagnati. Per di più, con la meritata soddisfazione di fare un lavoro «per la felicità di una coppia», quindi per il bene degli altri.

Vedere la vera realtà che si nasconde dietro a questa manipolazione non è difficile: di fatto queste donne sono deportate e vivono rinchiuse come animali da allevamento, lontane dai loro figli, spesso piccoli, in una segregazione che costituisce in se stessa una pesante condanna nei confronti della loro vera vita quotidiana, in genere poverissima. Spesso sono state costrette a questa scelta dalle pressioni della propria famiglia, dalle necessità di altri, ed è molto probabile che non vedranno pressoché nulla del loro guadagno. Sono espropriate del proprio corpo due volte: dalla miseria e dalla decisione e dal controllo di altri.

Il rapporto presentato al Parlamento Europeo nel 2016 a cura di Petra de Sutter denuncia molti degli aspetti coercitivi presenti nei contratti di surrogazione: «la maggior parte degli accordi internazionali per lucro coinvolgono madri surrogate che sono relativamente povere e non istruite, la validità del cui consenso può essere messa in dubbio a causa della somma di denaro che cambia la vita che ricevono come compenso»[1]. A proposito della remunerazione, il rapporto aggiunge: «In praticamente tutti i casi, le madri surrogate sono pagate: "spese ragionevoli" connesse alla gravidanza nel caso di accordi per lucro (anche se in tali accordi i pagamenti più consistenti sembrano essere quelli fatti ad agenzie, intermediari e dottori/cliniche)»[2]. Il rapporto Sutter denuncia questi aspetti, ma propone di risolverli grazie a regolamenti più severi, oppure invoca un sostegno psicologico per queste madri. Giustamente Danna si domanda come mai, se si tratta di libera scelta, sia poi necessario un sostegno psicologico... La maggior parte di loro, qualche mese o qualche anno più tardi, è costretta a ripetere l'esperienza, perché le loro

1. In D. Danna, *Fare un figlio per altri è giusto: falso!*, Laterza, Roma-Bari, 2017, p. 72.

2. *Ivi*, p. 74.

famiglie hanno finito il denaro. E paradossalmente le donne che replicano l'esperienza sono considerate dalle agenzie collaboratrici apprezzate, dal momento che hanno già dato buona prova. Per loro non conta che l'esperienza sia dannosa anche fisicamente. Infatti, anche se la loro "prestazione d'opera" viene rappresentata sempre come un percorso naturale, normale, non è per nulla così. Dal punto di vista medico, infatti, non solo il prelievo di ovuli, ma anche il trasferimento nel proprio utero di un embrione altrui richiede cure costanti. La futura madre deve sottoporsi a cure ormonali già settimane prima del trasferimento, cure che continueranno per mesi al fine di evitare aborti spontanei. Tutta l'operazione, nel complesso, è molto difficile e presenta un tasso di riuscita bassissimo, che non supera il venti per cento. Queste donne arrivano a essere sottoposte anche a dieci iniezioni al giorno, e si sa che la stimolazione ovarica e quella ormonale possono essere causa di tumori.

Se poi attecchirà un numero di embrioni superiore a quello desiderato, la madre surrogata sarà sottoposta a un aborto selettivo.

Ma anche ammesso che la decisione sia stata proprio loro, anche se avessero deciso loro liberamente di vendere l'utero per un proprio progetto, c'è un grande non detto che aleggia intorno a questa situazione: quale è il travaglio emotivo di queste donne mentre sentono crescere dentro di sé una vita con la quale dovranno rescindere immediatamente ogni legame? È veramente curioso che invece questo aspetto cruciale rimanga sempre nascosto, in un silenzio che stride fortemente con altri aspetti della nostra cultura, ormai diffusi e accettati da tempo, come l'attenzione alla gravidanza quale tempo oltremodo significativo per la vita futura del bambino.

Infatti, se da una parte l'epigenetica ci ha reso consapevoli che lo scambio genetico non finisce con il momento del concepimento, ma continua durante i mesi della gravidanza nell'utero, la psicologia e l'osservazione pediatrica hanno approfondito i vari modi in cui, già durante la gravidanza, il rapporto fra madre e figlio e – attraverso la mediazione di quest'ultima – fra il nascituro e l'ambiente che lo circonda, sia fonte di impressioni indelebili e importanti.

Oggi i manuali per le madri in attesa – oltre a suggerire una dieta ricca, riposo, magari una leggera ginnastica e rimedi contro eventuali inconvenienti fisici tipici del periodo di gestazione – suggeriscono di far ascoltare al feto la musica, di fargli prendere il sole, di fargli ascoltare spesso le voci delle persone che lo circonderanno dopo la nascita, fra i primi quindi la voce del padre.

La voce della madre, il ritmo del battito del suo cuore, il neonato li porterà con se come prima consapevolezza già al momento della nascita. Chiunque abbia avuto contatti con un neonato sa che quando piange disperato lo può calmare anche la sola voce materna, di cui riconosce ogni vibrazione, e l'essere messo in contatto con il suo petto, cioè nel posto in cui può sentire il ben noto ritmo del suo cuore.

Cosa succede ai bambini che, dopo la nascita, non sentiranno più quella voce, non ascolteranno più il battito di quel cuore? Un tempo questo distacco era universalmente riconosciuto come un trauma, il trauma che si nascondeva dietro a ogni adozione, anche la più riuscita. Oggi ci si comporta come se questa separazione non costituisse più un problema: i figli degli uteri affittati non risentiranno più quella voce, non ritroveranno quel profondo senso di appartenenza che va al di là di ogni parola, al di là perfino dei sentimenti. La cosa terribile è che, mentre per i casi di adozione in genere si riconosce il trauma nel neonato, e si ammette che si tratta di una scelta dolorosa anche per la madre che è costretta ad abbandonarlo, per cui l'adozione pare costituire l'unico rimedio possibile per quel danno, invece nel caso dell'utero in affitto si tratta di un trauma voluto, programmato. Un trauma fabbricato appositamente per "rendere felici" due adulti egoisti.

Desiderio

Chi affitta l'utero di una donna si preoccupa di esaudire un suo proprio desiderio, non si pone il problema della felicità e tanto meno della salute psichica del bambino, al quale crede di contribuire in modo determinante e risolutivo solo perché l'ha desiderato. Esibendo un amore che, fin dall'inizio, si rivela come poco attento alla felicità profonda del bambino stesso, al suo equilibrio psichico.

Ma questa opinione, ormai diffusa, che per crescere bene, per diventare esseri umani degni di questo nome, conti solo essere stati desiderati, essere amati, si sta purtroppo radicando nell'opinione pubblica. Anzi, in fondo si arriva a pensare che figli desiderati con tale intensità da ricorrere all'affitto di una madre surrogata, figli costati così cari anche nel senso più banale del termine, si sentiranno più felici e meglio accolti degli altri.

Come se la misura del nostro comportamento, delle nostre scelte, fosse solo l'intensità del desiderio, e tutte le altre pur necessarie componenti di ogni scelta d'amore, cioè il senso di responsabilità, l'attenzione al bene dell'altro prima che al proprio, la rinuncia e il sacrificio, non contassero nulla.

Si tratta di un atteggiamento verso i rapporti umani che sembra derivare senza mediazioni dal mercato dei consumi all'interno del quale viviamo immersi: un mercato che si fonda sulla creazione di sempre nuovi desideri e sull'intensificazione di quelli che abbiamo. Un desiderio che non è mai naturale, ma sempre creato attraverso una pubblicità appropriata.

L'accento posto con tanta determinazione sul desiderio, assurto così a giustificazione morale, non tiene conto di quanto è stato detto e scritto dalla filosofia, dalle religioni e perfino dalle tradizioni popolari sui limiti dell'essere umano, sulla fallacia e inconsistenza dei suoi desideri, sulla rapidità con la quale essi possono cambiare se non addirittura rovesciarsi nel loro opposto. Proprio per questo fino a oggi il desiderio non era mai stato considerato un fattore determinante nelle scelte esistenziali, e anzi abitualmente non sono state giudicate con molto favore le persone che vivevano preda del proprio desiderio, senza tener conto di fattori come la responsabilità verso gli altri, i doveri sociali, la coerenza con scelte fatte precedentemente. In particolare, poi, il desiderio, l'intenzione non sono mai stati considerati un fatto sufficiente o necessario alla procreazione: ciò che fa un bambino sono la gravidanza e il parto, cioè l'esperienza corporea della donna.

Solo una società dei consumi come la nostra, nella quale ogni sfera dell'economia, e quindi della società, è totalmente influenzata dalla coltivazione del proprio ego e dall'esasperazione del desiderio, poteva elevare il desiderio a criterio regolatore della vita sociale, a motore di ogni scelta esistenziale.

Esaudire un desiderio individuale: ecco una possibilità che la società preindustriale concedeva solo a pochissimi membri di un'élite, per di più maschi. Tutti gli altri dovevano adattarsi alle condizioni di vita e ai doveri derivanti dalla situazione sociale di nascita, senza poter scegliere né il lavoro, né chi sposare, né il luogo in cui risiedere. Sono state la rivoluzione industriale, con la creazione del lavoro salariato che permetteva di uscire dalla dipendenza dalla comunità familiare per la sopravvivenza, e la Rivoluzione francese, con la creazione del cittadino, primo embrione del libero individuo moderno, a rompere questa rete di coercizioni e ad aprire a ogni individuo – all'origine solo se di sesso maschile – la possibilità di realizzarsi secondo i suoi progetti, le sue capacità e in qualche misura secondo i suoi desideri.

L'intreccio dei romanzi ottocenteschi è assai spesso centrato sul conflitto fra il desiderio di un individuo che vuole sposare qualcuno di cui è innamorato, e la famiglia che gli impone invece un'altra scelta. È attraverso la nascita del matrimonio romantico, fondato sull'attrazione reciproca fra gli sposi, che emerge per la prima volta la possibilità di scelta anche per le donne, ancora costrette per tutto il resto a ricoprire il loro ruolo tradizionale. La stessa tensione – ma solo per gli uomini – veniva proposta in alcuni romanzi ottocenteschi fra la scelta di una professione verso la quale ci si sente portati e le imposizioni della famiglia o della comunità che vogliono imporre una scelta diversa al fine di realizzare strategie parentali o comunitarie. In questo modo, attraverso la narrativa, il diritto al desiderio individuale fa capolino nella società europea che si sta modernizzando, ancora intralciato da mille lacci comunitari e istituzionali, ma pronto a diventare un vero e proprio diritto di decidere liberamente della propria vita. Nel secolo successivo, nel Novecento, mentre si disintegrano le istituzioni che contrastavano la libera espressione del desiderio, come la famiglia e la comunità di appartenenza, la libertà di realizzarsi, intesa anche come libertà di realizzare i propri desideri, diventa un vero e proprio diritto. È a questo punto che l'essere umano s'identifica con i propri desideri, che si definisce attraverso di essi.

Il desiderio di avere un figlio, da conseguenza naturale del desiderio sessuale, diventa un desiderio astratto, totalmente autonomo, che può prescindere per intero dalle leggi del corpo, un desiderio disincarnato. Dalla rivoluzione sessuale, che voleva liberare il desiderio erotico e aprire la porta a un paradiso dei corpi, nasce così – paradossalmente – un desiderio di figlio che ne prescinde totalmente, un desiderio che nasce dalla pura volontà.

Dal desiderio di fare l'amore senza procreare degli anni Settanta si passa al desiderio di procreare senza fare l'amore per giungere oggi al desiderio di procreare senza essere di sesso differente.

La pratica dell'utero in affitto trova la sua giustificazione morale, e in alcuni paesi anche giuridica, nel consenso della donna che presta l'utero. Come può essere proibito un atto se a permetterlo è la persona stessa, libera così di disporre del proprio corpo? Questo ragionamento suona quasi come una deriva aberrante dello slogan delle femministe degli anni Settanta: «Il mio corpo è mio e lo gestisco io».

Si tratta di una nozione di consenso fondata sulla libertà individuale: la quale viene sempre supposta, mentre nella realtà essa si rivela quasi sempre illusoria, dal momento che tale presunta libertà non tiene conto della relazione ineguale nella quale si trovano le due parti, la donna che affitta l'utero e la coppia che le commissiona il figlio.

Il consenso quindi è pesantemente influenzato dalle condizioni in cui vive chi lo dà, dai rapporti umani che lo circondano, e anche dalla cultura dell'ambiente in cui vive. Non si deve dimenticare che nelle culture patriarcali la donna è riconosciuta come madre solo se ha concepito o desiderato il figlio insieme a colui al quale appartiene per via coniugale[3].

Nel concludere la parte del rapporto de-

3. Mission de recherche Droit et justice - Université de Reims, *Le "droit à l'enfant"*, cit., p. 339.

dicata alla maternità surrogata, il gruppo di esperti istituito dal Ministero francese della Giustizia e dal Centro nazionale di ricerca scientifica non manca di mettere in luce come i medici e le agenzie siano abituati a esercitare «forti manipolazioni e perfino riprogrammazioni cognitive delle donne», costrette a risiedere in un ambiente carcerario (India) o sotto controllo totale (Stati Uniti). «Le pressioni esercitate sulle madri gestatrici fanno riflettere sull'integrità del consenso contrattuale, un consenso vantato invece dai commissionari o dagli articoli a favore di tale pratica; il mito dell'autonomia della volontà contrattuale trova i suoi limiti di fronte allo sfruttamento dei paesi poveri e dei corpi delle donne da parte della dominazione occidentale»[4].

Ma soprattutto si tende a sopravvalutare il valore del consenso come fonte di legittimazione di qualsiasi azione laddove invece dovremmo anche riflettere se la pratica in questione sia in sé stessa giusta o ingiusta. Si capisce meglio il problema se sostituiamo all'utero in affitto una pratica da tutti deprecata come la schiavitù: uno schiavo cesserebbe di esserlo se fosse consenziente al suo stato? La schiavitù può essere accettata da una società se c'è il consenso della vittima?

Il consenso infatti ha dei limiti, e questi limiti stanno nel rispetto della dignità indivi-

4. *Ivi*, p. 248.

duale, che deve essere garantita anche se questo può limitare la libertà astrattamente concepita. Come ha scritto infatti Sylviane Agacinski, «in caso di conflitto fra la libertà e la dignità, la seconda deve diventare la prima»[5].

La madre in affitto aliena la sua individualità, cioè la sua vita intima e personale. Perde la dignità umana: serve da strumento di lavoro, come un forno serve a cuocere il pane. Diventa una fabbricante di bambini, così come le prostitute sono chiamate operaie del sesso. L'evidente tentativo di rendere normale questa pratica utilizzando le stesse parole con le quali si definisce un lavoro normale rivela che sono molte le cose che devono restare nascoste.

Anche in questo le somiglianze fra l'affitto dell'utero e la prostituzione sono evidenti, e inquietanti. Se mettiamo a confronto l'affitto dell'utero con la prostituzione, seguendo l'analisi di quest'ultima pratica elaborata da Sylviane Agacinscki, in vista di una sua possibile normalizzazione, ne possiamo cogliere le similitudini[6].

In primo luogo, anche il mercato del sesso è in grande misura alimentato da "risorse umane" cioè da donne di paesi poveri, alle quali viene

5. S. Agacinski, *Corps en miettes*, Paris, Flammarion, 2009, p. 101.

6. S. Agacinski, *Prostitution: l'abolition face à la légalisation*, in «le débat», n. 174, 2013.

chiesto esclusivamente di essere funzionali a un bisogno. L'abitudine recente di chiamarle "lavoratrici del sesso" maschera la loro condizione, che è quella di essere al tempo stesso colei che presta i servizi e la merce consumata, all'interno di una visione arcaica delle donne come corpo sempre disponibile a esaudire i desideri maschili. Proprio per questo, come è possibile normalizzare, considerare un lavoro come un altro una condizione che crea ineguaglianza fra gli esseri umani? Un'ineguaglianza di diritti che tocca soprattutto le donne?

Come l'affitto dell'utero, la prostituzione non è una professione, non è un mestiere come un altro, nel quale è possibile trovare un'identità e una integrazione sociale. È una cessione del corpo che serve per tamponare un momento drammatico dell'esistenza, in una situazione di fragilità e di emergenza. Come la prostituzione, che toglie la sessualità dalla sfera privata per trasformarla in un servizio disponibile sul mercato, l'affitto dell'utero porta la maternità al di fuori della sfera privata, per trasformarla in un servizio a pagamento. Conclude Agacinski che «il problema sollevato dal mercato della prostituzione implica dunque di cambiare punto di vista per considerare la violenza sociale che permette alla forza e al denaro di portare danno all'integrità della persona», ragionamento che si può integralmente applicare all'affitto dell'utero. Il consenso infatti non basta per rendere legittimo agli occhi della legge e dell'opinione pubblica un patto che mina la dignità dell'essere umano, che prevede di fare mercato di qualcosa che non può essere venduto, il nostro corpo.

Ma negli ultimi anni anche questa certezza sta vacillando: non solo Hugh Hefner, l'inventore di «Playboy» – celebre per l'abbinata donne nude e articoli seri scritti da uomini importanti – ha sostenuto di avere aiutato le donne a liberarsi dalla repressione sessuale, ma addirittura Amnesty International e Human Rights Watch, insieme a Oms, Global Commission on Hiv and the Law e Open Society Foundations propongono con insistenza che venga regolamentata la prostituzione. La famosa rivista «The Lancet» la sostiene, perché potrebbe avere un effetto positivo per contrastare l'epidemia di Aids. In sostanza, questi gruppi propongono che, invece di perdere tempo a perseguire adulti consenzienti, i governi indirizzino le loro forze sul traffico delle persone e la prostituzione minorile. Ma c'è anche una posizione femminista a favore della regolamentazione, come sostiene Anna Saimi, un'ex prostituta ora studentessa di legge, che afferma: «Una volta che l'hai fatto, sai che avrai sempre tutto quello che ti serve per sopravvivere». La prostituzione consenziente, in questa ottica, verrebbe addirittura prospettata come una via di autonomia e di indipendenza femminile.

In molti paesi, come la Germania, l'Olanda e alcuni stati australiani, la prostituzione è stata normalizzata, ma ciononostante non è affatto diminuita, come era nelle aspettative dei legislatori. In altri, come negli stati del Nord Europa, seguendo il modello della Svezia, viene fatto oggetto di sanzione penale solo chi paga e non chi vende. Ma quest'ultima scelta, a prima vista più equa, secondo molte prostitute non fa che spostare il mercato nella clandestinità.

In un recente libro, *Pimp State. Sex, Money and the Future of Equality*, Kat Banyard, femminista inglese contraria alla regolamentazione, sostiene che la prostituzione non è mai una libera scelta, lo prova il fatto che la maggior parte delle prostitute sviluppa delle tossicodipendenze per sostenere il trauma mentale ed emotivo.

Ma il fatto che tante forze si impegnino per la normalizzazione della prostituzione in nome del consenso fa capire come il rapporto di ogni individuo con il proprio corpo è oggi sottoposto a pressioni molto forti.

La nozione di consenso all'uso del proprio corpo da parte di altri, dal punto di vista giuridico, è modellata – nei paesi in cui è legalmente accettata – sulla legge che stabilisce le condizioni della donazione di organi. È fondata quindi sul concetto di solidarietà e collegata ovviamente con un fine terapeutico. Nel caso dell'utero in affitto non si tratta di curare la sterilità, non c'è un obiettivo terapeutico in senso stretto, ma solo l'interesse dei potenziali genitori[7].

Così come l'insistenza sul termine consenso non fa altro che cercare di travestire con la veste della solidarietà una pratica che, in realtà, attiene piuttosto allo scambio mercantile. Un tentativo che traspare da tutte le definizioni adottate. A cominciare proprio dalla denominazione stessa di "gestazione per altri", abbreviata abitualmente in GPA. La locuzione "per altri" richiama immediatamente un atto di altruismo, di generosità. Mentre si tratta di una prestazione commerciale, e la stessa cosa avviene per la definizione di "donatore" attribuita a coloro che vendono ovuli o spermatozoi, se pure sotto l'ipocrita formula del rimborso spese.

Siamo il nostro corpo

Noi e il nostro corpo: questo era il titolo di un manuale femminista molto in voga negli anni Settanta, che si proponeva di spiegare alle donne come era e come funzionava il loro corpo – soprattutto dal punto di vista delle esperienze sessuali – per divenirne padrone e non vittime, nel senso soprattutto di vittime di gravidanze indesiderate. Per arrivare a possedere, a controllare, il proprio corpo attraverso la conoscenza.

7. Cfr. Mission de recherche Droit et justice - Université de Reims, *Le "droit à l'enfant"*, cit.

Ma in questa posizione pedagogica, per molti versi lodevole, c'era sottinteso un errore: noi in realtà non possediamo il nostro corpo, siamo il nostro corpo. Proprio per questo venderlo significa vendere noi stessi, perdere dignità, e quindi certamente è il contrario dell'acquisire potere. L'esperienza della prostituzione e quella dell'affitto dell'utero lo dimostrano: anche se la commercializzazione delle funzioni sessuali e di quelle procreatrici vorrebbe arrivare a trasformare un'antica servitù in un lavoro sociale moderno. Se tutto ciò appare perfino accettabile, è solo perché noi ormai vediamo nell'essere umano solo un produttore (che lavora o vende) o un consumatore (che acquista): i nostri spiriti sono così sottomessi all'impero del mercato che possono trovare normale che tutto divenga oggetto di scambio mercantile, anche un bambino.

Il corpo umano è divenuto infatti una risorsa economica: grazie alle biotecnologie gli organi, i tessuti, le cellule possono, proprio come il sangue, essere utilizzati da biologi e medici.

Un esempio atroce di mercificazione del corpo umano, considerato solo un insieme di cellule, viene fornito dal sito statunitense www.centerformedicalprogress.org che, nella sezione Human Capital, ha denunciato uno scandalo sul quale si discute da due anni negli Stati Uniti: prove filmate raccapriccianti – poveri feti smembrati e raccolti in vaschette come fossero scarti alimentari – rivelano che la potente ONG per la pianificazione familiare Planned Parenthood vende parti anatomiche e tessuti di bambini abortiti, ricavandone un lauto guadagno.

Il corpo, così trasformato in una risorsa biologica, fa parte di una nuova sfera economica: gli elementi biologici formano la materia prima di prodotti biotecnologici e in questo modo i frammenti diventano dei beni che possono circolare, essere venduti, perfino essere rubati. Il trapianto di organi, ad esempio, creando una domanda, ha incoraggiato al tempo stesso non solo le donazioni ma anche il mercato clandestino, come provano frequenti scoperte di traffico di organi gestito da personaggi senza scrupoli a danno di giovani dei paesi più poveri.

Ma anche il commercio di altre parti del corpo assume spesso aspetti inquietanti: il latte materno raccolto per permettere la sopravvivenza di neonati in pericolo, così come il sangue, pur partendo da una donazione, si trasformano in pochi passaggi in prodotti che vanno sul mercato, dove sono acquistati come medicamento. Dal momento quindi che le sostanze biologiche del corpo umano hanno oggi acquisito un valore commerciale, si pone ovviamente la questione giuridica di capire chi abbia dei diritti sul corpo che le produce. Ma, se ognuno è il suo corpo, il consenso è sempre necessario, indispensabile per utilizzarlo in qualsivoglia modo. Il consenso però non è sufficiente, perché quasi sempre i proprietari del materiale biologico non partecipano dei profitti della loro immissione nel mercato, che vanno invece a ricercatori e laboratori, generando spesso conflitti di varia natura.

Lo stesso doppio regime – cioè la trasformazione del dono in prodotto commerciale – coinvolge l'industria procreatrice, che arriva così alla creazione di embrioni e di bambini su richiesta, grazie a materie prime estratte da corpi viventi, talvolta donate, più spesso retribuite. E non bisogna sottovalutare che la produzione di ovociti, a differenza di quella di sperma, richiede un percorso doloroso, che talvolta lascia tracce indelebili nel corpo della "donatrice".

Ma nel campo della procreazione il dono assume un carattere particolare, perché permette non di salvare vite, ma di crearle. La sola domanda che ci dobbiamo porre, scrive Agacinski, è «se è conforme alla nostra concezione di essere umano utilizzare le donne come incubatrici di embrioni»[8]. Tenendo presente che, oggi, la dignità dell'essere umano significa che l'esistenza di ognuno ha un valore in se stessa, è un bene che non ha prezzo e quindi non si può scambiare né vendere.

Secondo la tradizione cristiana, che è alla fonte del pensiero occidentale, il valore di ogni essere umano è garantito dal fatto di essere tutti figli di Dio, da lui creati e amati. In un'origi-

8. Agacinski, *Corps en miettes*, cit., p. 13.

nale riflessione dedicata alla sacralità della persona umana, Simone Weil scrive: «Quel che è sacro, ben lungi dall'essere la persona, è ciò che, in un essere umano, è impersonale. Tutto quel che è impersonale nell'uomo è sacro, e soltanto quello»[9]. Il riconoscersi figli di Dio costituisce infatti proprio il tipo di riconoscimento impersonale che garantisce una sacralità che non può essere cancellata neppure ricorrendo al consenso personale. Perché, scrive sempre la Weil, se si abbandona questo punto di vista, «nasce una scienza che dà il suo riconoscimento a qualsiasi tipo di regola, di criterio, di valore, tranne che alla verità»[10] e non ne deriva quindi quella che dovrebbe essere l'ovvia conseguenza della sacralità, cioè che «la materia umana anonima cessi di essere materia umana anonima»[11].

Il dovere di ogni stato, quindi, dovrebbe essere quello di proteggere tutti i suoi cittadini – e in particolare i più vulnerabili – contro ogni forma di mercato che minaccia la loro integrità personale. Oggi invece il mercato dei corpi sta diventando un affare conveniente, giustificato in nome delle più recenti acquisizioni del progresso tecnologico e dei desideri individuali che

9. S. Weil, *La persona è sacra?*, Castelvecchi, Roma, 2017, p. 28.

10. *Ivi*, p. 29.

11. *Ivi*, p. 34.

troppo spesso impediscono di riconoscere i trattamenti degradanti ai quali alcuni si sottomettono apparentemente di loro volontà.

Certo, l'uso del corpo altrui, in nome della forza, del diritto o del denaro, storicamente è sempre esistito, prendendo spesso la forma di sostituzione che si avvicina alla schiavitù, condizione che suscita in noi indignazione. Un esempio di questo genere, molto vicino al caso dell'utero in affitto, è quello delle balie, utilizzate in passato dalle madri ricche per allattare e allevare i figli. Le balie erano trattate meglio del resto della servitù, specialmente nel vitto, ma erano anche molto più strettamente sorvegliate e controllate, obbligate ad abbandonare i loro figli, e a vivere lontane dalla loro famiglia, private di una vita sessuale. Anche in questo caso, era l'intera esistenza della donna a essere impiegata al servizio di altri.

Oggi il corpo serve ad alimentare in totale impunità la potenza tecno-industriale ai fini di ottenere profitti finanziari, è diventato quindi una risorsa nuova per il mercato.

Ma, secondo la nostra tradizione culturale, il corpo umano dovrebbe far parte dei beni senza prezzo, dovrebbe rimanere estraneo a ogni scambio mercantile, così come a ogni scambio di doni. Ciò è evidente se si considera il corpo inviolabile e inalienabile, ma se si separa lo spirito dal corpo e, pur escludendolo dal mercato, si autorizza il dono, a cominciare dal sangue, dal latte, dai gameti, perché non arrivare al dono della gestazione?

Il dualismo fra la natura razionale dell'essere umano e quella fisica sembra ignorare che la persona nella sua totalità è oggetto di statuto giuridico, e proprio in quanto tale è degna di rispetto.

Non solo viene così manipolata la definizione di persona, la sacralità di ogni essere umano. Anche il concetto di dono, che conta una lunga tradizione culturale e antropologica, sta subendo una mutazione pesante. Il dono, nelle società tradizionali, implica un obbligo di restituzione, e crea un legame simbolico fra i gruppi e le persone, ma nel caso dell'affitto dell'utero questo legame da simbolico diventa addirittura un legame carnale, perché è la persona stessa che si dona all'altra, e questo non fa che rafforzarne il significato simbolico. Il dono genetico o procreativo infatti crea un legame fra genitore e generato, e volerlo cancellare diventa una negazione del dono stesso.

L'insistenza con la quale le coppie vogliono assicurarsi una discendenza biologica – almeno per quanto riguarda i loro geni, quelli dei donatori di gameti o della madre in affitto non contano nulla! – rifiutando l'ipotesi di un'adozione stride con un altro caposaldo della generazione: quello che prevede che ogni nascita crei un legame fra le generazioni, perché la vita viene donata seguendo una direzione irreversibile, quella dell'ordine del tempo. Un legame che si sviluppa sempre dal punto di vista giuridico su due versanti, quello della discendenza materna e quello della discendenza paterna.

Se l'anonimato dei "donatori" strappa questa rete genealogica che ha tenuto insieme le culture nella tradizione storica, allora sorge il pericolo di un altro grave danno simbolico: il mercato dei gameti espone a varie forme di incesto. E infatti questo è un problema che assilla i figli di donatori, che ormai creano siti appositi per conoscere quali siano i loro "fratelli", nonché, se possibile, i "genitori".

La vita non si può donare in modo arbitrario perché, come è stato detto, essa non è un dono reciproco, ma un dono unilaterale, da cui deriva una relazione di discendenza senza ritorno.

Facendo ricorso al mercato dei gameti, agli uteri in affitto, gli esseri umani rifiutano questo patto, cancellando così non solo il legame fra le generazioni, ma anche il legame simbolico creato dal dono. Come giustamente scrive Daniela Danna, «il denaro scioglie i legami sociali, il dono li mantiene e li crea»[12].

12. Danna, *Fare un figlio*, cit., p. IX.

Legalizzazione

Le modalità con le quali l'utero in affitto è stato legalizzato in alcuni paesi rivelano molto della complessità giuridica della questione.

Secondo una ricerca dell'Unione Europea del 2013, il quadro è alquanto complesso. A fronte di un gruppo di paesi che non ammettono la legalizzazione – Italia, Francia, Germania, Spagna, Finlandia – altri la tollerano – come Austria e Norvegia – se l'ovocita appartiene alla stessa donna che affitta l'utero. Per Belgio, Paesi Bassi e Danimarca è permessa attraverso la successiva adozione, in Gran Bretagna si vuole aprire anche alle coppie omosessuali, la Svezia, che era stata all'avanguardia in questo campo, oggi sta ridiscutendo la sua posizione. La povera Grecia la consente, anche se solo dietro rimborso, mentre Russia, Thailandia, Ucraina, Uganda, Nepal e alcuni degli stati statunitensi la permettono senza riserve. Nei paesi poveri è evidente l'interesse economico: l'India, che ha poi ristretto la normativa, nel 2013 aveva ricavato da questa pratica oltre tre milioni di euro: le cliniche indiane specializzate sono più di tremila, e si calcolano millecinquecento nascite all'anno. Qui le condizioni delle donne che affittano l'utero sono drammatiche: «La stampa ha dato notizia di donne indiane che hanno abortito i figli di cui erano in attesa per sottoporsi a una gravidanza per altri, e di donne morte in seguito a complicazioni post-parto perché le cliniche presso cui avevano lavorato avevano rifiutato di curarle»[13]. La Thailandia ha reso illegale il ricorso alla maternità in affitto per gli stranieri dopo una serie di gravi scandali: l'abbandono di una coppia di gemelli Down da parte di una coppia committente, e la scoperta inquietante che un giapponese aveva "comprato" sedici figli da donne thailandesi.

In Europa il paese con la legge più permissiva è la povera Ucraina.

Il turismo procreativo è un lucroso affare per molte persone – molto meno per le donne povere che affittano l'utero – a cominciare dalle grosse agenzie internazionali che organizzano l'affare e che si fanno pubblicità via internet – la maggior parte ospiti di siti che appartengono ad agenzie americane – anche se spesso le offerte piovono liberamente nella rete.

Nelle agenzie, una parte del personale fornisce le cure mediche. Più numerosi coloro che si occupano degli aspetti commerciali, legali e delle relazioni con i clienti. Nel conto spese finale, nessuna voce rappresenta il pagamento del bambino che nascerà, ma la pratica contraddice sempre questa condizione. Il "rimborso" infatti raggiunge sempre cifre esorbitanti, mentre le madri, in caso di mancata nascita, sono costrette a restituire le somme anticipate.

13. *Ivi*, p. 10.

Ma l'aspetto peggiore i contratti lo rivelano nelle clausole specifiche: non solo la coppia committente decide tutto sul percorso medico della gravidanza – cioè amniocentesi, eventuale aborto, selezione degli embrioni eccetera – ma arriva a controllare ogni aspetto della vita della gravida. Per esempio, se e quali sport può praticare, se può viaggiare, se può lavorare, il regime alimentare, la vita sessuale. La lista delle cose proibite alla madre surrogata va dal non mettere lo smalto alle unghie, non utilizzare cosmetici chimici, non tingersi i capelli a non fumare, non bere caffè e vino, mangiare bio e così via. La sorveglianza è assidua, il controllo può arrivare in qualsiasi momento: «la giovane donna perde la libertà di andare e venire, è ridotta alla sua capacità di dare la vita»[14]. È interamente a servizio dei committenti.

Numerose anche le clausole per evitare l'attaccamento con il bambino, come dimostrano le ferree proibizioni ad attaccarlo al seno: talvolta le madri sono costrette a tirarsi via il latte e consegnarlo ai committenti. Il contratto arriva spesso a proibire che il bambino venga visto, toccato, coccolato dalla donna che l'ha portato in grembo.

Il tutto in palese contrasto con le pubblicità che devono attirare donatrici di ovuli e di utero, nelle quali si parla solo di dono e di altruismo.

14. Mission de recherche Droit et justice - Université de Reims, *Le "droit à l'enfant"*, cit., p. 134.

Negli Stati Uniti, dove l'operazione costa più cara – si parla di cifre intorno ai 150.000 dollari, dei quali solo 20.000 vanno alla madre surrogata – le norme del contratto regolano ogni dettaglio. Severe clausole impediscono alla madre surrogata di tenere il bambino: per prevenire questo pericolo è vietato che la gestante sia anche la madre biologica. Vengono stabiliti poi i requisiti richiesti alla gestante: condizioni di salute e di alimentazione, stile di vita, il fatto che abbia già avuto altri figli, al fine di garantire il suo buon equilibrio psichico. Inoltre, in caso di malformazione del nascituro, è sempre previsto l'aborto, al quale la gestante non può sottrarsi. Ci sono stati casi però in cui la donna si è rifiutata di abortire tenendosi il figlio, mentre i committenti hanno rinunciato al bambino che non corrispondeva al loro "progetto". E non hanno pagato.

Il problema dell'origine

Tutta l'operazione relativa all'utero in affitto ha pesanti conseguenze sulla vita del bambino, a cominciare dalla questione della sua origine. Origine che si fonda su un equivoco perché una donna che deve cedere ad altri il figlio che ha partorito, cede loro al tempo stesso il suo status e il suo titolo di madre e la filiazione materna del bambino, ma compie una transazione impossibile: non si tratta infatti di beni alienabili, che possono essere venduti a terzi.

Così come non può essere venduto il rapporto materno che si è instaurato durante la gravidanza con il bambino, e che gli dà la sicurezza di essere amato e accettato. In assenza di questa sicurezza naturale, tocca al bambino la fatica di conquistarla: «Chi fa il lavoro maggiore è la creatura piccola» scrive Muraro[15], anche quando le cose non sono andate nel verso giusto.

Penso con una stretta al cuore alle sorelline che ho incontrato in piscina: cosa succederà quando vorranno sapere chi è la loro madre?

Uno dei romanzi che ha conosciuto maggiore successo nella tradizione europea è stato senza dubbio una grande saga incentrata sulla ricerca delle origini: *Guerino detto il Meschino*, del cantatore Andrea da Barberino, trama ripresa da *Le paradis de la reyne Sibylle* di Antoine de La Sale – entrambi della prima metà del XV secolo – intreccio narrativo poi ripreso e trasformato da Wagner nel *Tannhäuser*. Il motivo per cui Guerino percorre le strade del mondo, fino ad arrivare a sfidare la Sibilla nel suo pauroso antro, è la ricerca del nome dell'uomo da cui era nato.

Oggi non solo questo tema viene considerato secondario, quasi irrilevante, ma addirittura non si definisce più come "ricerca delle origini", ma si preferisce chiamarlo "ricerca della pa-

15. L. Muraro, *L'anima del corpo. Contro l'utero in affitto*, La Scuola, Brescia, 2016, p. 54.

rentela genetica". La caduta del termine "origini", così carico di echi significativi, sostituito da un semplice dato biologico, rivela quanto la nostra cultura intenda svuotare di importanza una questione decisiva nella vita di ogni essere umano. I motivi di tale svalutazione sono facilmente intuibili: da una parte, la palese contraddizione fra il desiderio di avere un figlio almeno in parte "biologico" – decidendo quindi di scartare l'adozione – e al tempo stesso la rimozione di altri elementi altrettanto "biologici" che compongono l'identità del figlio. Dall'altra, la difficoltà di rendersi conto dei problemi psicologici dei figli nati in questo modo, i quali sanno che la loro esigenza di conoscere le origini va contro il progetto consapevole dei genitori.

La questione riguarda sia i figli di coppie eterosessuali che sono ricorse alla donazione, sia di quelle omosessuali, con la differenza che a queste ultime non è possibile negare il ricorso al mercato dei gameti.

La questione legale – se cioè i figli abbiano diritto di conoscere le proprie origini – si è posta in molti paesi, e alcuni, come la Svezia e l'Olanda, ma anche la Nuova Zelanda e l'Australia, difendono legalmente il diritto dei figli di conoscere l'identità del proprio donatore, in genere al compimento del diciottesimo anno di età. Nel 2000 è nato un sito internet – il Donor Sibling Registry – che consente di cercare il proprio donatore e quindi anche di prendere contatto con gli eventuali "fratellastri", al quale si sono iscritte oltre quarantaquattromila persone, che hanno portato alla scoperta di reti di fratellastri composte anche da più di cento persone[16].

Di questo tipo di esperienze colpiscono due cose: l'insistente uso del termine donatore, anche quando la cessione di gameti è pagata – cioè quasi sempre – e la freddezza degli strumenti approntati, come registri, statistiche, per affrontare una questione umanamente lancinante per i protagonisti della ricerca, la quale viene invece registrata alla stregua di una semplice "curiosità".

Per quanto riguarda la ricerca delle origini in figli di coppie omosessuali, l'esame delle ricerche sul tema compiute finora – ancora di numero piuttosto esiguo – permettono solo di individuare delle tendenze. In genere i figli sono curiosi di avere informazioni sul donatore, il suo carattere, il suo aspetto fisico, la sua famiglia, ma molti rinunciano a cercarle per non ferire il genitore privo di legame genetico[17].

Sono pochissime le ricerche che valutano se ci siano differenze tra figli con donatore conosciuto e quelli con donatore sconosciuto: l'unico dato emerso è che i secondi subiscono maggiormente la stigmatizzazione dei coetanei.

16. E. Canzi, *Omogenitorialità, filiazione e dintorni*, Vita e Pensiero, Milano, 2017, p. 36.

17. *Ivi*, p. 39.

Le stesse motivazioni per cui i genitori hanno voluto un legame genetico con i figli – e cioè per il fatto che questo li accomuna alla medesima genealogia – sono presenti nel figlio che ricerca il donatore anonimo. La domanda "a chi assomiglio" vale per aspetti biologici e simbolici, e cerca una risposta soprattutto nel momento della formazione dell'identità. È infatti questo il momento in cui ognuno cerca di configurare e comporre il quadro della propria vita, che consiste anche nel posto che si occupa all'interno delle generazioni. La trasmissione intergenerazionale implica infatti aspetti genetici ma anche aspetti simbolici, legati alla personalità del donatore e alla sua storia personale. E ovviamente anche inerenti al suo rifiuto di far entrare il figlio nella sua storia, al volerlo estraneo al susseguirsi generazionale della sua famiglia.

Non si riflette abbastanza su quanto queste interruzioni della trasmissione, queste negazioni della genitorialità da parte di un genitore, possano disgregare il tessuto sociale di una comunità, di un paese, di una famiglia. E incidere in modo negativo sulla personalità di un individuo.

La cosiddetta "donazione" di gameti, infatti, è esattamente l'opposto dell'adozione: mentre l'adozione si fa carico di un dolore originario e cerca di ripararlo, inserendo il figlio in una nuova storia e genealogia familiare, nel caso in cui i genitori stessi sono responsabili di questo "vuoto di origine" i legami fra le generazioni inevitabilmente si disfano. In tal modo vengono in un certo senso messe in pericolo le leggi che da sempre regolano la socialità umana. Lo spettro dell'incesto fra fratellastri, se non addirittura con il genitore ignoto, infatti, non scompare facilmente, e anima le ricerche disperate di "informazioni genetiche".

Un'altra differenza fondamentale è che «l'adozione non ammette accordi tra la madre di nascita e gli adottanti, proprio per evitare il mercato dei neonati»[18].

La ricerca delle origini è una necessità riconosciuta dagli psicanalisti, come rileva Berger, che scrive: «I bambini sono costruttori di storie, della loro storia, e affinché possano provare un sentimento di filiazione psichica, bisogna che possano costruirsi una filiazione fantasmatica, nel pensiero»[19]. Una filiazione che abbia qualche rapporto con la realtà, che sia credibile come scena fondatrice della loro esistenza.

Il genitore assume di fronte al figlio una responsabilità in senso antropologico, e non solo semplicemente legale. «Il genitore» scrivono Quentel e Dartiguenave «fa condividere al figlio le sue appartenenze o il suo posto di classificazione sociale, nello stesso tempo che lo inscrive in una filiazione e lo fa partecipare a un lignag-

18. Danna, *Fare un figlio*, cit., p. XII.

19. M. Berger, *Homoparentalité et développement de l'enfant*, in «le débat», n. 180, 2014, p. 145.

gio»[20]. In sostanza, lo iscrive in una storia di cui fa parte. E questo non può avvenire nel caso di filiazione zoppa, cioè priva o del nome del padre o di quello della madre.

La verità è che non si può privare un bambino della possibilità di risalire al proprio lignaggio, cioè negargli la fonte stessa della costruzione della sua identità. Così come non si possono cancellare questioni talmente fondamentali riducendole semplicemente a curiosità o a necessità di informazioni mediche – scoprire le tendenze genetiche ereditate – senza che i giovani ne paghino gravi conseguenze, e la società tutta ne riceva una spinta disgregante.

Figli di coppie omosessuali

Non sono molte le ricerche che analizzano la crescita dei figli che vivono in una famiglia omosessuale, anche perché il fenomeno è relativamente recente, e per ottenere risultati scientificamente validi è necessario evidentemente analizzare gli effetti su un periodo di almeno trent'anni. Nel caso di figli minori, poi, le risposte alle inchieste sono date dai genitori stessi, naturalmente portati per autodifesa a sorvolare sulle difficoltà. In un libro che esamina con attenzione i risultati finora raccolti, Elena Canzi anticipa alcune osservazioni. In sostan-

20. Quentel - Dartiguenave, *Tous parents!*, cit., p. 132.

za, scrive, «nell'infanzia e nell'adolescenza anche la dinamica relazionale coi genitori (di nascita e sociale) pare non essere lineare e all'insegna di un "rovesciamento protettivo" che si configura come una sorta di nuova forma di parentificazione»[21]. I figli di coppie omosessuali, cioè, tendono a non aggravare la condizione dei genitori, percepita come difficoltosa, e si caricano quindi del compito di difenderli, trattenendosi dal manifestare problemi e dissapori. I problemi più gravi che questi ragazzi devono affrontare sono quelli nei confronti dei loro coetanei, dal momento che spesso sono oggetto di atti di bullismo. Non stupisce quindi che cerchino di mettere in atto strategie di adattamento, nascondendo la verità sull'orientamento sessuale dei genitori, oppure la confessino solo ad alcuni. Questa, che viene chiamata strategia di rivelazione selettiva, è molto diffusa. Vi ricorrono meno coloro che fanno parte di una minoranza attiva, e che quindi conoscono e frequentano persone che vivono la stessa situazione, con la possibilità di "normalizzarla".

Nel loro complesso, le ricerche esaminate vorrebbero dimostrare che non ci sono differenze fra i bambini che vivono in famiglie omosessuali e gli altri, focalizzandosi su due fattori: la qualità della relazione – però come essa è percepita dai genitori – e l'adattamento psicosocia-

21. Canzi, *Omogenitorialità*, cit., p. XIII.

le. Mentre seguono con molta minore attenzione i problemi relativi alla costruzione dell'identità, centrali soprattutto nell'adolescenza, nonché i problemi legati all'origine, cioè alla ricerca del genitore mancante. Un altro limite rilevato da Canzi è che nel campione esaminato, in genere, si mettono insieme i figli di coppie eterosessuali che in seguito hanno scelto una relazione omosessuale con quelli di coppie omosessuali, ovviamente caratterizzati da problemi molto differenti.

Oggi le coppie omosessuali con figli sono in larga maggioranza composte da donne: esse prevedono quindi la gravidanza di uno dei membri della coppia, esperienza che successivamente pone molti problemi alla cosiddetta "madre sociale". Infatti, scrive Canzi, «se la presenza nella coppia di una madre e di un padre dà luogo a forme di attaccamento costitutivamente differenti, che non si prestano perciò a confronti e rendono facilmente accettabili eventuali preferenze, la presenza di due genitori dello stesso sesso inevitabilmente introduce il tema del confronto e l'interrogativo su quale dei due membri della coppia sia preferito dal figlio»[22]. Anche altre ricerche confermano «lo stabilirsi – anche per lungo periodo – di forti tensioni fra le due "madri", perché quella che non ha vissuto la gravi-

22. *Ivi*, p. 7.

danza prova un risentimento verso l'altra»[23]. Anche nel caso di una coppia maschile questo problema emerge con forza, anche se con caratteristiche differenti: il necessario ricorso alla maternità surrogata infatti mette i due uomini su un piano paritario, benché il patrimonio genetico sia trasmesso ovviamente solo da uno dei due, il che comunque crea problemi.

I figli nati dall'acquisto di seme rivelano in numero elevato di sentirsi disturbati dal fatto che il denaro svolga un ruolo decisivo nel loro concepimento, mentre si dichiarano a favore dell'adozione.

Indubbiamente, la coppia genitoriale omosessuale realizza comportamenti più equilibrati nella divisione del lavoro domestico, si ispira a valori meno convenzionali, e le vengono pure attribuiti migliori indici di capacità comunicative e di risoluzione dei problemi rispetto ai genitori eterosessuali.

Le indagini, come si è già rilevato, risultano in genere sbilanciate sull'attenzione al versante affettivo e di accudimento, cioè su atteggiamenti e comportamenti materni, mentre sono poco interessate a indagare come venga affrontata la funzione paterna. Un altro punto debole sta nelle difficoltà spesso provate dalle famiglie di origine ad assistere e aiutare figli

23. Mission de recherche Droit et justice - Université de Reims, *Le "droit à l'enfant"*, cit., p. 95.

e figlie che fanno la scelta di omogenitorialità, cosa che rende più complessa la vita della nuova famiglia.

Una domanda che si sono posti i ricercatori riguarda l'orientamento sessuale dei figli: avere genitori omosessuali inclina forse a una scelta omosessuale? La risposta che ci si aspetterebbe è che queste coppie dimostrino nei confronti del problema maggiore anticonformismo: invece non è sempre così. Spesso infatti l'eterosessualità del figlio viene esibita per confermare la "normalità" della famiglia. Tuttavia, esaminando le inchieste nella loro totalità, «sembra di poter rintracciare un trend comune, ossia una maggior probabilità di atteggiamenti e comportamenti omosessuali», specialmente nei figli di coppie lesbiche.

L'analisi del rendimento scolastico conferma che i figli di coppie omosessuali – sebbene in maggioranza sviluppino livelli più elevati di rendimento – sono però anche indotti a maggior uso di alcol e droghe e riportano livelli minori di autonomia associati a livelli superiori di ansia.

Paradossalmente, la stabilità del legame familiare, quindi anche il matrimonio, che per i figli di coppie eterosessuali costituisce una condizione positiva per la crescita, per i soggetti di cui stiamo parlando diventa un ostacolo: «Sembrerebbe quasi che per i figli delle coppie omosessuali vivere in una famiglia ufficialmente riconosciuta e stabile venga percepito come condizione vincolata, senza possibilità di nuovi sviluppi»[24].

Quanto alla dinamica relazionale, queste ricerche non mettono in evidenza le difficoltà legate alla figura del genitore "sociale", cioè quello che non ha legame biologico con il figlio, verso il quale può verificarsi una sorta di rovesciamento protettivo da parte del ragazzo. Ed è sempre questa figura che costituisce problema quando si va alla ricerca del genitore mancante.

Quel che soprattutto va sottolineato è che le ricerche non esplorano i sentimenti provati dai figli nei confronti del genitore mancante, il cosiddetto "donatore" di gameti, problema che concerne anche coppie eterosessuali che hanno praticato l'inseminazione eterologa. Canzi rileva che anche la letteratura scientifica, su questo tema, raramente utilizza il termine "origini", preferendo la definizione di parentela genetica, per cui i problemi dei figli in proposito vengono definiti come "curiosità", termine decisamente meno pregno di significato di "ricerca delle origini".

Certo, il problema dell'assenza dei genitori naturali si pone anche nell'adozione, ma come ho detto qui il genitore adottivo «non si sostituisce, ma piuttosto si fa carico di quel dolore di origine e lo ripara», mentre diverso è il percorso di chi per scelta procrea figli «orfani». Come af-

24. Canzi, *Omogenitorialità*, cit., p. 24.

frontare questo problema se i genitori stessi sono responsabili del «vuoto di origine»[25]?

La ricerca del donatore – cioè del genitore biologico – da parte dei figli in questi casi, infatti, diventa difficile e faticosa, perché «è potentemente in contrasto con la scelta procreativa fatta dai genitori, specialmente nel caso in cui scelgono un donatore anonimo»[26].

In sostanza, «i figli di coppie omosessuali comportano maggior ricorso all'assistenza pubblica, minor identificazione eterosessuale, maggior frequenza di relazioni omosessuali e minor senso di sicurezza sperimentato nella famiglia di origine»[27]. Emerge così un quadro complesso e certamente non univoco, dal quale però si deduce che è davvero difficile sostenere che non esista alcuna differenza fra i figli di famiglie eterossessuali e quelli di famiglie omosessuali.

Nel 2014 la rivista francese «le débat» ha aperto una discussione su questo tema, dando voce a punti di vista differenti. Lo psicanalista Maurice Berger ha ricordato come «i due genitori non sono equivalenti nel registro emozionale e comportamentale. Il padre non è "una madre come le altre", e il bambino ha bisogno di questa asimmetria parentale (...) la mancanza

25. *Ivi*, p. 44.

26. *Ibid.*

27. *Ibid.*

del padre, nella realtà o nello spirito della madre, può dare origine a sofferenze gravi presso i bambini che non si sentono "figli di", sofferenza che può durare una vita intera. Al contrario, come può una bambina arrivare a comprendere che due uomini che non vogliono avere una donna possano al tempo stesso desiderare una figlia? Come potrà costruire la sua identità?»[28]

Il fatto è che un bambino ha il diritto e il bisogno di identificarsi con tutte le dimensioni, maschili e femminili, dell'umanità, per crescere in modo equilibrato.

Éric Garnier, un omosessuale con figlia, risponde polemicamente a queste argomentazioni critiche, sostenendo che la differenza sessuale è servita soprattutto a creare gerarchie, e che per definire le persone conta molto di più la personalità che l'appartenenza sessuale. A suo dire, «i valori centrali della famiglia sono l'amore e il desiderio», e non la realtà biologica, dal momento che «a esclusione della gravidanza e dell'allattamento, non c'è niente altro che una donna e un uomo non possano fare o essere entrambi, senza distinzione»[29].

Anche la celebre psicanalista Élisabeth Roudinesco difende la famiglia omosessuale – contrapponendosi alla posizione di molti psi-

28. Berger, *Homoparentalité*, cit., p. 144.

29. É. Garnier, *Un enrichissement de la parentalité*, in «le débat», n. 183, 2015, p. 146.

canalisti che, come Berger, sostengono che per la crescita dei figli c'è bisogno della differenza dei sessi – ricordando che la famiglia normale è abitualmente traversata dalle nevrosi. Bisogna quindi – secondo lei – accettare le sperimentazioni, e rinunciare a fare una ricerca sulle conseguenze nei figli della parentalità omosessuale, dal momento che «non si può fare un'expertise della condizione umana»[30]. Ma si potrebbe obiettare che, forse, tutta la psicologia è una sorta di expertise sulle varie forme che assume la condizione umana...

30. É. Roudinesco, *Puissance de la famille. Oedipe, Antigone, Jean Valjean*, in «le débat», n. 183, 2015, p. 133.

Il rispetto del corpo materno

Tante foto simili

È una foto che ha fatto il giro del mondo: a Baton Rouge, negli Stati Uniti, durante la manifestazione per protestare contro l'uccisione di alcuni giovani di colore da parte della polizia locale, una giovane donna nera, con un abito lungo, da sola riesce a fermare la carica di un plotone di poliziotti in assetto antisommossa. È una foto carica di tensione: la giovane è armata solo del suo coraggio, della sua determinazione, ma ciò basta per fermare la violenza. La prima domanda che ci si pone, guardando questa immagine così forte, è se la stessa cosa sarebbe accaduta se al posto della ragazza ci fosse stato un uomo, se pure coraggioso e disarmato quanto lei. La risposta che ci nasce immediata è no. Probabilmente i poliziotti l'avrebbero messo da parte, più o meno rudemente, e avrebbero proceduto nella carica. È questo infatti quello che è successo nel 1989 in piazza Tienanmen, dove un ignoto studente, da solo, ha cercato di fermare l'assalto.

Cosa spinge questi uomini preparati allo scontro ad abbassare le armi? La risposta a questa domanda è complessa, ma sicuramente si può sintetizzare in una frase: il rispetto per il corpo della donna, per il corpo materno. Per un corpo che rappresenta il futuro, rappresenta la possibilità di un nuovo inizio. Per un corpo carico di potenza simbolica, che rimanda ciascuno alla propria origine, cioè alla indispensabile relazione di ogni essere umano con un altro, la madre.

Di foto come queste ce n'è tante, e tutte molto simili.

La potenza materna impersonata dalle donne ha sempre generato reazioni di paura e di fragilità negli uomini, perché nascere e far nascere è sempre stato solo appannaggio delle donne, del loro corpo, capace di generare sempre nuovi inizi. È un movimento libero – Hannah Arendt proprio per questo associa la nascita alla libertà – e ha un carattere di inatteso, di sorpresa. È il senso del futuro, il dinamismo creatore della vita umana.

È uguale per tutti, ma è generato da un rapporto unico e personale fra due esseri umani, una madre e un figlio, un rapporto unico e insostituibile che arricchisce ogni vita di donna di un significato più ricco di mistero e di grandezza di quella di un uomo. Che il mistero e la grandezza li deve cercare e costruire, non li ha ricevuti in dono. Perciò, scrive Françoise Héritier[1], in

1. Cfr. F. Héritier, *Maschile e femminile. Il pensiero della differenza*, Laterza, Roma-Bari, 2002.

ogni società umana gli uomini hanno cercato di bilanciare questa potenza femminile tenendo le donne sotto il loro potere, controllandole, cercando di attribuirsi la proprietà dei figli.

La rivoluzione femminista iniziata nell'Ottocento, al di là di una veste semplicemente emancipazionista, conteneva in germe una grande possibilità: quella di portare i valori femminili nello spazio pubblico, di farli riconoscere validi per tutti per la loro importanza straordinaria e innovativa. Si tratta di valori come il dono gratuito di sé, del proprio corpo ma anche in molti casi della propria vita, per un altro essere umano, valori come la consapevolezza dell'importanza della relazione umana di cura e di affetto nella costruzione dei rapporti: una diversa gerarchia di priorità, che avrebbero potuto seriamente mettere in crisi la società concepita al maschile. Se questo non è successo, è perché l'ingresso delle donne negli spazi a loro preclusi è avvenuto con una modalità rigida e condivisa da tutti: quella di assimilarsi alla cultura maschile, e soprattutto di dimenticare la dimensione della maternità. Ma evidentemente non bastava. Appena si è aperta una possibilità di sminuire se non cancellare la madre – anche a opera di scelte sbagliate delle donne stesse – il processo si è messo in moto. L'utero in affitto, il dono degli ovociti e presto, probabilmente, l'utero artificiale, stanno trasformando la straordinaria esperienza di generazione materna in un processo a tappe controllabili e replicabili, un meccanismo che, attraverso alcuni accorgimenti scientifici, può essere tenuto sotto controllo dagli uomini, per la prima volta nella storia umana.

Anche se oggi, a una prima apparenza, in questo momento di crisi dei tradizionali ruoli sessuali – non può scomparire l'uno senza che anche l'altro, formatosi nella complementarietà, non vada in pezzi – sembrano trionfare valori femminili come dolcezza, benevolenza, tenerezza rispetto a quelli tradizionalmente attribuiti al genere maschile, il vero bersaglio della trasformazione, quello che sta scomparendo attaccato da ogni parte, è il ruolo materno.

L'aborto

A privare di valore la maternità purtroppo hanno dato un notevole contributo le donne stesse, e in particolare il femminismo degli anni Settanta che, concentrandosi sul corpo e sulla sessualità femminile, ha finito per concentrarsi su un programma unico: liberare la donna dalla schiavitù della procreazione per costruire così, anche nel privato e nei rapporti fra esseri umani, una totale uguaglianza con gli uomini. Per garantire alle donne la possibilità di vivere una sessualità totalmente libera e quindi priva del timore della procreazione, non bastava infatti l'apertura agli anticoncezionali. Qualsiasi metodo di controllo può fallire, quindi deve essere libero e accessibile anche quello che dovrebbe essere considerato l'estremo rimedio, cioè l'aborto.

Che l'aborto – delitto punito dallo stato solo dopo la Rivoluzione francese, cioè quando la coscrizione universale rese prezioso ogni essere umano – dovesse tornare a essere depenalizzato, senza dubbio era giusto: è un tale dolore, fisico e psichico, per le donne che non ha senso infierire ancora su di loro. Ma è assurdo e gravemente sbagliato farne un diritto, e per di più farne il diritto che certifica e conferma la libertà delle donne. Un movimento politico e culturale così importante e così radicale quale è stato il femminismo ha commesso un errore fatale nel pensare di legare il suo trionfo alla liberalizzazione dell'aborto, cioè alla cancellazione di fatto della maternità. Come si può fondare qualcosa di vivo sulla morte? Come si può pensare che, sul lungo periodo, le donne avrebbero vinto una battaglia di giusto riconoscimento negando la propria specificità, cioè la maternità? Vincere a quelle condizioni è stato terribile, ha costituito una zavorra simbolica che ha intossicato il femminismo il quale, infatti, come movimento vivo e creativo, non è sopravvissuto che pochi anni a questa triste vittoria.

Il fatto poi che la decisione dell'aborto venisse lasciata sempre e solo alla madre, ha avuto anch'esso gravi conseguenze. Ha fatto sì che da una parte fosse accentuata la solitudine femminile al momento della scelta e dell'intervento abortivo, e che dall'altra si infrangesse il difficile equilibrio di coppia creatosi intorno al destino di un figlio. Negare valore alla maternità ha avuto come effetto collaterale anche quello di cancellare il già labile istituto della paternità.

Quando non c'era un nome importante da tramandare, un patrimonio da trasmettere, la paternità si riduceva spesso a povera cosa, non di rado a un esercizio di autoritarismo che generava nei figli ribellione e fuga. Ma togliere ogni responsabilità alla parola del padre rispetto al diritto di venire al mondo di un figlio significa creare un abisso fra uomini e donne. Un abisso provocato dalla richiesta, da parte delle donne, di assegnare a loro ogni potere sulla procreazione, senza pensare che spezzare equilibri antichi avrebbe avuto dei costi pesanti, avrebbe costituito un serio pericolo per la società nel suo complesso.

Le reazioni maschili sono state molte, dalla sempre più frequente fuga dei padri dal loro ruolo per arrivare ai femminicidi. Tugdual Derville, fondatore di una associazione attiva in Francia che affianca le donne che hanno abortito, così descrive il problema: sostiene che alla solitudine delle donne si accompagna la solitudine degli uomini perché l'aborto è un "luogo" che infrange l'alleanza e la complementarità: «L'aborto riunisce i due mali della società occidentale: la solitudine delle madri e lo smarrimento dei padri»[2].

2. C. Aubin, *Nel silenzio una rimozione dolorosa*, «donne chiesa mondo», n. 56, aprile 2017, p. 9.

Con la battaglia dell'aborto il movimento di liberazione voleva liberare la donna in ogni madre ma, mettendo ogni decisione nelle sue mani, l'ha anche liberata dal rapporto con l'uomo, condannandola alla solitudine.

Certo, all'inizio il programma non era questo: la rivalutazione del corpo femminile aveva significato anche una rivalutazione della maternità nei suoi aspetti più concreti, come il parto e l'allattamento. Non a caso, nel 1975, proprio mentre si susseguivano le manifestazioni a favore della legalizzazione dell'aborto, era uscito negli Stati Uniti, e prontamente tradotto in Italia, il libro di Adrienne Rich, poetessa e femminista, che metteva al centro l'esperienza materna e soprattutto il momento del parto, che si domandava cosa avesse significato per gli uomini il fatto che «l'unica esperienza unificatrice, incontrovertibile, condivisa da tutti, uomini e donne, è il periodo trascorso a formarci nel grembo di una donna. Per tutta la vita e persino nella morte conserviamo l'impronta di quella esperienza»[3].

In quegli stessi anni si assisteva a una denuncia da parte delle donne dell'espropriazione del momento del parto realizzata dai medici, che si erano totalmente sostituiti alle ostetriche, rompendo una rete tradizionale di rapporti e di complicità femminili, e soprattutto medica-

3. A. Rich, *Nato di donna*, Garzanti, Milano, 1977.

lizzando un evento naturale anche quando non era necessario.

Un medico francese, Fréderick Léboyer, scrisse un libro, *Per una nascita senza violenza*[4], che conobbe uno straordinario successo proprio perché si batteva a favore di un parto più umano, che evitasse l'illuminazione violenta e l'ambiente rumoroso che accoglieva il nuovo nato negli ospedali. Il bambino doveva essere accolto con delicatezza, e immediatamente accostato al seno della madre. Leboyer, in un linguaggio semplice, metteva a disposizione di tutti una riflessione elaborata a contatto con la cultura indiana e in sintonia con le proteste delle femministe.

Parallelamente a questo momento di riflessione sul parto, si sviluppava all'interno del movimento una corrente di pensiero – definita "della differenza" – volta a contrapporre alla tendenza prevalente nel processo di emancipazione, cioè quella all'omologazione con il modello maschile, una riscoperta della specificità femminile legata alla maternità. In Italia la teorica più importante di questa corrente femminista, la filosofa Luisa Muraro, autrice di un libro fondamentale, *L'ordine simbolico della madre* (1991), scriveva nella post-fazione alla seconda edizione del 2006 che in sostanza il fem-

4. F. Leboyer, *Per una nascita senza violenza*, Bompiani, Milano, 1975.

minismo della differenza si era battuto per salvare «il privilegio della vicinanza delle donne con il corpo materno», cioè per indicare una strada che potesse «rendere possibile qualcosa della potenza materna»[5]. Lungi dal mortificare il valore dell'esperienza materna, Muraro partiva infatti dal presupposto che «la madre è, universalmente, il nome della relazione che è condizione della vita umana»[6].

Ma le priorità dei movimenti erano diverse, e centrate sul rifiuto della maternità, come ricorda una recente ricostruzione della storia del parto e del generare di Nadia Filippini che, in un capitolo dedicato alla liberalizzazione dell'aborto e della propaganda anticoncezionale, proclama: «Si tratta di leggi importanti, che segnano una tappa cruciale nella storia delle donne, una specie di *habeas corpus* che fonda la cittadinanza femminile sul principio di autodeterminazione del proprio corpo»[7].

Di fatto, il femminismo che è divenuto opinione comune fonda la libertà delle donne sull'aborto, cioè sulla negazione del valore della maternità. Le conseguenze si vedono nel tempo lungo: non solo nella grande difficoltà che in-

5. L. Muraro, *L'ordine simbolico della madre*, 2ª ed., Editori Riuniti, Roma, 2006, p. 158.

6. *Ivi*, p. 150.

7. N.M. Filippini, *Generare, partorire, nascere*, Viella, Roma, 2017, p. 284.

contrano le giovani donne di oggi ad avere un figlio, ma anche nelle difficoltà teoriche in cui si dibatte oggi il femminismo di fronte a una evidente esperienza di sfruttamento come è quella dell'affitto dell'utero. Il diritto di aborto, cioè la libertà di disporre anche in negativo del proprio corpo proclamata come unico fondamento della libertà della donna, è arrivato infatti a indurre anche teoriche del pensiero della differenza, studiose della maternità come la femminista francese Antoinette Fouque, a giustificare la gravidanza per conto terzi.

Fouque, in una lunga intervista rilasciata alla rivista «le débat» nel 2009, sostiene che l'utero in affitto è una tappa fondamentale di liberazione della donna, dopo quella dell'aborto, cioè una tappa nel percorso di autodeterminazione. Pur partendo dall'affermazione che la procreazione costituisce il punto inespugnabile della differenza fra i sessi, a suo avviso la gestazione surrogata è l'ultima tappa di quel processo di liberazione iniziato con l'aborto perché permette di non chiudere la procreazione nella maternità, né di chiudere la donna nella madre. Per Fouque, la gravidanza per altri costituirebbe altresì un baluardo contro l'utero artificiale: quelli nati in questo modo – scrive – saranno forse «gli ultimi figli di carne e sangue prima dell'utero artificiale»[8].

8. *Les enjeux de la gestation pour autrui. Entretien avec Antoinette Fouque*, in «le débat», n. 157, 2009, p. 146.

Da un altro punto di vista, invece, una femminista italiana come la sociologa Daniela Danna, che si dichiara – se pure con qualche ambivalenza – contraria all'affitto dell'utero, fonda parte del suo argomentare proprio sul fatto che i contratti con i committenti privano la gravida della libertà di decidere l'aborto, che può solo essere deciso insindacabilmente da loro, i "proprietari" del feto. Lo slogan fondamentale «il corpo è mio e lo gestisco io», che potrebbe ai suoi occhi funzionare per giustificare l'affitto dell'utero, entra però in contraddizione con gli ostacoli posti alla libertà di decidere sull'aborto, a suo tempo il caposaldo della rivolta femminista.

Danna si rende conto poi che i medesimi contratti propongono una condizione ancora più insidiosa nei confronti della libertà di aborto, quella per i committenti di essere riconosciuti genitore prima della nascita: «Per il diritto vigente essere riconosciuti come genitore prima della nascita di un essere umano è un'aberrazione, perché fino alla nascita un essere umano è solo una potenzialità di persona che, rimanendo all'interno del corpo di un'altra, non può essere ancora "figlio" di nessuno!»[9] Cogliendo perfettamente il problema: in questa clausola infatti il diritto d'aborto è messo in discussione dal riconoscimento effettivo che nel ventre della gravida

9. Danna, *Fare un figlio*, cit., p. 90.

c'è già un essere umano, del quale si può stabilire la genitorialità, e non un "progetto di vita".

Muraro, nel suo *L'anima del corpo. Contro l'utero in affitto*, invece non cavalca la questione dell'aborto, anche se le sue argomentazioni si muovono in un'ottica strettamente femminista. «Qui non si tratta di proibire, si tratta di non sbagliare»[10] afferma la filosofa, la quale vede in questa pratica «un attacco demolitore della relazione materna»[11], cioè di quella relazione che «ha dato un'impronta di civiltà alla convivenza umana»[12].

Muraro pertanto non accetta di equiparare l'affitto dell'utero alla battaglia di libertà capostipite di ogni rivolta femminista, quella per la legalizzazione dell'aborto.

L'habeas corpus della cittadinanza femminile?

Il problema dell'aborto, considerato come l'*habeas corpus* della cittadinanza femminile, continua dunque ad aleggiare dietro a ogni questione controversa che coinvolge le donne e la loro libertà, e questa pesante ipoteca impedisce che la legalizzazione dell'aborto venga vista e affrontata al di fuori della disputa ideologica, alla

10. L. Muraro, *L'anima del corpo*, cit., p. 19.

11. *Ivi*, p. 25.

12. *Ivi*, p. 30.

stregua di un fondamentale cambiamento antropologico dell'intera società che il femminismo – anche grazie al fatto che stava scomparendo l'istituto dell'esercito di leva e diminuiva la richiesta di manodopera – ha impresso nella storia umana.

In una ponderosa inchiesta il sociologo Luc Boltanski[13] si è proposto di analizzare i complessi effetti che la legalizzazione dell'aborto ha prodotto, trattando l'aborto come un qualsiasi oggetto di ricerca, prescindendo cioè dalle sue implicazioni ideologiche. L'esempio scelto è la Francia. Qui un gruppo di ricercatori da lui diretto ha effettuato, negli ospedali dove sono praticati gli interventi, quaranta approfondite interviste con donne che hanno abortito una o più volte, analizzando anche i cambiamenti che si sono verificati nel linguaggio. Dal 1975 infatti la parola aborto è stata sostituita dalla sigla IVG (interruzione volontaria di gravidanza), e nuove espressioni definiscono il feto nei diversi stadi di sviluppo: pre-embrione, feto non vitale, feto vitale, e così via.

Nonostante la trasformazione linguistica, che mostra il tentativo di fare dell'aborto un intervento medico come gli altri, rimangono ancora delle difficoltà: negli ospedali, il personale addetto a questa pratica – soprattutto gli infermieri, a cui è affidato il compito di eliminare i

13. L. Boltanski, *La condition fœtale. Une sociologie de l'engendrement et de l'avortement*, Gallimard, Paris, 2004.

feti – ha chiesto che questa mansione venga sottoposta a una turnazione molto veloce, in quanto considerata particolarmente stressante. Le donne intervistate rivelano poi, scrive Boltanski, la difficoltà a "legittimare" l'aborto, anche davanti a se stesse: infatti, in grande maggioranza esse sostengono di averlo fatto "perché non avevano altra scelta", prospettando una situazione in cui, sottolinea lo studioso, «il registro della necessità presenta una struttura che si contrappone radicalmente a quello della volontà»[14].

Ma i cambiamenti più importanti si collocano, secondo Boltanski, nella sfera antropologico-culturale. La legalizzazione dell'aborto ha fatto nascere un nuovo assetto concettuale per definire la procreazione umana, rivelatosi determinante per lo sviluppo di quelle tecnologie di riproduzione che prevedono la manipolazione del feto, ed eventualmente la sua distruzione. Per il sociologo francese, «è l'ordine generativo nella sua totalità che si trova rimesso in questione[15]». Dopo duemila anni, si pone niente meno che il problema della definizione di appartenenza all'umanità, con relativa crisi di quell'idea che sta dietro alla Dichiarazione dei diritti dell'uomo del 1948. L'irruzione dell'aborto nella sfera della legalità, infatti, riapre una differenza fra "esseri umani della carne" ed "esseri umani con-

14. *Ivi.*

15. *Ivi*, p. 213.

fermati dalla parola"; solo a questi è concesso di vivere, mentre i primi si ritrovano nella condizione che una volta era degli schiavi: sono cioè "una umanità non confermata".

Un essere umano è "fatto" dalla carne e dalla parola, e l'aborto può essere accettato solo se esiste una netta contrapposizione fra le due categorie dei confermati e dei non confermati. Nel caso esaminato, poi, viene stabilito che la parola di conferma sia quella delle donne, alle quali «viene così riconosciuta una sorta di sovranità sulla creazione di nuovi esseri umani»[16]. Sovranità che in passato era attribuita a un'autorità ben superiore alla madre, cioè a Dio, l'unico disposto ad accettare ogni nuovo nato attribuendogli uguale valore. Riposa appunto su tale concezione l'idea di "comune umanità". L'autorità confermante di Dio è stata affiancata e talvolta sostituita da quella della parentela – che prevede la distinzione fra legittimi e illegittimi, e accetta quindi silenziosamente l'aborto come una sorta di aggiustamento domestico – e poi da quella dello stato che, dalla Rivoluzione francese in poi, accetta un feto come cittadino dal momento che può svolgere un ruolo utile per la collettività, e quindi punisce l'aborto. In questa ultima situazione, la conferma può essere subordinata all'utilità, e lo stato può impedire la nascita di individui "indesiderabili", attraverso la steri-

16. *Ivi*, p. 73

lizzazione o impedendo l'accesso al matrimonio, come è avvenuto in molti paesi con le legislazioni eugenetiche della prima metà del Novecento.

Nella seconda metà del secolo scorso, dopo le spaventose politiche eugenetiche naziste, gli Stati hanno dovuto abbandonare, almeno nei paesi occidentali, l'ambito della riproduzione, ma non del tutto: l'aborto infatti è legalizzato solo se viene inquadrato in regolamenti e realizzato sotto il suo controllo. In un certo senso, lo stato mantiene, anche in questo caso, "il monopolio della violenza legittima".

Oggi invece è esclusivamente l'autorità delle donne a selezionare chi può o non può venire al mondo, essendosi affermata l'idea che si può concepire pienamente un figlio solo all'interno della logica di un "progetto". L'aborto viene così accettato come rimedio ai fallimenti della contraccezione, per consentire la cancellazione di un bambino che non è stato "progettato", evento inaccettabile in una società che ha messo un forte accento positivo sull'autonomia e la scelta. E qui torniamo al punto dal quale siamo partiti: la gestazione per altri può mai essere considerata omogenea a questa cultura fondata sulla libera scelta?

La contraddizione che è stata imputata ai contratti che regolano la gravidanza per altri, presentata come legittima libera scelta, ma che costringe poi la gestante a rinunciare al suo diritto di scegliere sull'aborto, è rivelatrice di una contraddizione più grave che sta alla base del concetto femminista di libertà fondata sull'aborto. Si tratta infatti della contraddizione di chi rivendica i diritti di una condizione specifica, quella femminile, negando valore alla sua specificità fondamentale, cioè la capacità di generare.

Dal diritto di aborto è nato un diritto nuovo, per molti versi aberrante: quello di essere risarcite per il danno di una nascita non voluta. Ormai i casi sono tanti, ma forse il primo, che ha provocato un acceso dibattito, è stato l'affaire Perrouche, discusso dai tribunali francesi e dalla Corte europea dei diritti dell'uomo a partire dal 1989. La questione riguardava la nascita di Nicolas Perrouche, avvenuta nel 1983, affetto da gravi disfunzioni a causa di una rosolia che aveva colpito la madre durante la gravidanza. Il medico curante, benché avvertito che in caso di prevedibile malformazione la madre avrebbe abortito, controllate le analisi, aveva sbagliato la diagnosi, affermando che il feto era rimasto immune dalla malattia, quindi il bambino era nato. Le sentenze, tutte favorevoli ai Perrouche che avevano intentato causa allo stato francese, comportarono una somma notevole di risarcimento, ammettendo così che potesse esistere il "pregiudizio di essere nato".

Uno degli ultimi esempi, italiano, conferma come il diritto di una donna a essere risarcita per una nascita o un concepimento non voluti si sia ancora allargato, e comprenda oggi anche i feti sani.

Pochi mesi fa un tribunale italiano ha stabilito infatti che esiste il "danno da nascita indesiderata". Ecco l'antefatto: una donna in Sardegna aveva deciso di partorire il secondo figlio con il cesareo per farsi sottoporre a sterilizzazione tubarica. Dopo un anno, però, si scopre incinta e abortisce. Chiede così al tribunale di Cagliari un risarcimento, e questo le riconosce non solo il risarcimento delle spese, ma anche il «danno alla libertà di autodeterminazione» stabilendo quindi che esiste il «diritto alla procreazione cosciente e responsabile»[17].

Dal diritto d'aborto nascono diritti impossibili, come quello al figlio, o quello alla procreazione cosciente e responsabile: non sono diritti ma desideri, e non è neppure detto che, se realizzati, portino alla felicità. Quante volte è capitato che un figlio non desiderato sia poi stato la fonte di felicità e di soddisfazione per una donna? Oppure quante volte una donna ha rimpianto il figlio a suo tempo abortito?

Chi è la madre

Stando così le cose non ci si deve stupire che si siano affermate nuove possibilità di procreazione che hanno messo in discussione l'unicità e quindi la potenza materna. Del resto, scrive Vegetti Finzi «da sempre la cultura occiden-

17. «Corriere della Sera», 20 giugno 2017.

tale celebra la nascita ma misconosce il percorso generativo, ignora le contraddizioni che trasformano un corpo femminile in un corpo materno, rifiuta di sapere come, nell'intimo delle madri, si conformino simultaneamente un grembo fisico e un grembo psichico»[18].

La risposta alla domanda che ogni caso di utero in affitto pone, cioè "chi è la madre" del bambino che passa di mano in mano fino ai committenti, non può essere solo giuridica, non può derivare da un contratto se pure controllato dalle leggi e garantito da coorti di esperti legali. Implica una riflessione complessa, che ci porta al cuore del problema della maternità. Come è ben noto, nessun padre è mai morto per mettere al mondo un figlio, mentre legioni di madri, nella storia, lo hanno dovuto fare. Vorrà pur dire qualcosa, soprattutto in merito all'importanza del momento del parto nel definire la maternità: mentre dà la vita, la madre mette in pericolo la sua vita. E questo accade tuttora, nonostante i progressi della medicina, e accade anche alle madri che affittano l'utero, cioè che mettono al mondo un figlio che è già di un'altra, anche alle madri che non hanno alcun legame genetico con il feto che portano in grembo.

Del resto, rileva il ponderoso documento francese preparato al fine di affrontare que-

18. S. Vegetti Finzi, *L'ospite più atteso*, Einaudi, Torino, 2017, p. 28.

sto problema[19], anche nei sistemi giuridici che permettono la GPA, la gestatrice si vede in genere riconosciuto in limine lo statuto di madre e lo conserva spesso fino alla fine, mettendo in luce la confusione con la madre legale, la committente. Ma, come osserva giustamente Muraro, non si dovrebbe attribuire a lei la qualifica di surrogata: lei è la madre che partorisce, la madre, quindi. È la committente che dovrebbe essere definita madre surrogata.

L'inedita importanza che oggi si dà all'apporto biologico nella procreazione surrogata – finalizzato a far sentire veri genitori la coppia committente – è «un mezzo per sostituire, per quanto possibile, il legame carnale fra la donna e la sua creatura con il legame del materiale biologico che alla donna viene innestato» scrive Muraro[20]. Come ancora sottolinea la filosofa, questa operazione dovrebbe anche servire a togliere alla madre surrogata il diritto di rivendicarsi madre, e infatti anche nel caso in cui la coppia committente non possa fornire l'ovulo, in genere si richiede che questo provenga da una "donatrice" diversa dalla gestante per accentuarne il ruolo di semplice portatrice.

Danna, dopo avere preso in esame una serie di testimonianze di madri surrogate pentite,

19. Mission de recherche Droit et justice - Université de Reims, *Le "droit à l'enfant"*, cit., p. 32.

20. Muraro, *L'anima del corpo*, cit., p. 25.

conclude che «l'esperienza soggettiva contraddice la netta gerarchizzazione tra madre genetica e madre solo di nascita, smentendo che questa differenza sia il fondamento della GPA»[21]. L'esperienza mette così radicalmente in dubbio l'importanza veramente eccessiva che la cultura moderna insiste ad attribuire ai geni, anche se il diritto attuale tende a privilegiare una realtà diversa: la Corte Suprema della California – stato in cui è legale la GPA – ha stabilito infatti che, in caso di conflitto, madre deve essere ritenuta colei che ha fornito l'ovulo. La quale è in questo caso anche quella che ha avuto l'intenzione di divenire madre, quella che è protagonista del progetto genitoriale. Ciò vale naturalmente solo quando l'ovulo è stato fornito dalla madre committente. Se invece l'ovulo è ottenuto tramite "donazione", il problema è risolto all'origine: la provenienza è anonima, e la donatrice pagata ha rinunciato a ogni diritto sui suoi gameti.

Muraro osserva che da sempre l'uomo ha dato alla procreazione un tipo di contributo esclusivamente biologico solamente in tempi molto recenti controllabile attraverso il DNA. Per questo motivo la paternità ha sempre dovuto essere definita anche sul piano giuridico. Definizione biologica e giuridica per poter raggiungere la certezza di un ruolo: ma non è esattamente ciò che accade adesso per la madre committente?

21. Danna, *Fare un figlio*, cit., p. 16.

Sempre che una madre ci sia. Se sono due padri, non c'è neppure quella. La madre è così divenuta veramente "un padre come un altro".

Anche la prevalenza della prova biologica nella definizione della genitorialità ha una storia, anche se in realtà molto breve: da circa cinquant'anni solamente, infatti, l'analisi del Dna permette di confermare il legame biologico fra genitori e figli, svuotando quindi di valore le tradizionali prove di genitorialità, come l'atto di nascita, il riconoscimento o l'esperienza vissuta. E ciò naturalmente vale soprattutto per i padri, perché per le madri il parto ha costituito sempre la prova indiscutibile.

Tuttavia mettere fuori gioco la madre per sostituirla non è facile. Nel caso di donatrici di ovociti o di prestatrici di utero sono state messe in atto varie figure giuridiche per tentare l'impresa e per annullare un altro aspetto paradossale: e cioè che la tecnica induce a moltiplicare coloro che intervengono per realizzare la filiazione con atti decisivi – come i medici che scelgono quale ovulo e quale spermatozoo far incontrare, o che inseriscono l'embrione nell'utero. Insomma una folla di coautori del concepimento che poi devono essere ridotti di numero per ritornare a due, al modello cioè della coppia.

Al di fuori del matrimonio l'attribuzione di paternità apriva anche uno spazio alla volontà individuale, volontà decisiva poi nello stabilire la filiazione per adozione. La prova del Dna, che ha svuotato di significato l'espressione della volontà paterna, e ha accresciuto in modo straordinario la responsabilità biologica nella procreazione, perde però di valore nei casi di procreazione assistita realizzata attraverso gameti estranei alla coppia. Qui la volontà del "donatore", sia nell'offrire sul mercato i suoi gameti sia nel mantenere l'anonimato, svolge un ruolo chiave, insieme alla volontà del genitore committente.

La gestazione per altri si muove quindi in uno spazio grigio, perché non chiaramente definito, fra due tendenze contraddittorie: quella di definire la genitorialità in base ai dati biologici, quindi su una realtà materiale controllabile scientificamente, e quella di lasciare uno spazio ampio alla volontà dei singoli, al loro desiderio astratto di figlio.

L'unica cosa sicura è che si tratta di un'esperienza che frantuma e depaupera il ruolo della madre gestatrice, riducendolo a una prestazione fisica retribuita, alla quale si contrappone come più forte e valida, anche dal punto di vista legale, l'identità della madre per intenzione, per progetto, che è poi quella che paga. E qui si apre una contraddizione paradossale: la GPA è la risposta a un desiderio di figlio che possegga almeno parzialmente il patrimonio genetico dei committenti, quindi una ipervalorizzazione del legame di sangue e dell'aspetto biologico della filiazione. Ma, al tempo stesso, priva di valore il rapporto genetico che si instaura fra feto e madre gravida, a cui contrappone una ipervalorizzazione della dimensione sociale e commerciale dell'operazione.

All'interno di questa contraddizione, non è facile per la coppia committente costruire il legame con il neonato, "come se" fosse veramente suo figlio. La recente ricerca scientifica ha confermato che l'attaccamento fra madre e figlio è programmato dal corpo della madre durante la gravidanza, il parto, l'allattamento. Il forte e straordinario legame fra madre e figlio, infatti, è frutto di un incontro fra l'avvenimento psicologico e la neurobiologia. Gli umani, come molte altre specie di animali, sono infatti programmati per creare questo legame ottimale alla nascita. Un processo che comincia con la produzione di ossitocina nella gestante, che continua nell'allattamento, e, trasmessa al cervello, crea una capacità di comunicazione empatica molto forte, indispensabile per la crescita tranquilla del bambino.

Tant'è vero che alcuni medici consigliano alle madri committenti di farsi indurre il latte attraverso una pesante immissione di ormoni. In realtà, quindi, «nessuno dei supporti biologici dell'attaccamento è presente nella madre committente, e quelli che sono in atto nella madre gestante vengono negati, se non addirittura proibiti dai contratti di maternità surrogata»[22].

Anche il bambino è programmato per at-

22. Mission de recherche Droit et justice - Université de Reims, *Le "droit à l'enfant"*, cit., p. 324.

taccarsi cerebralmente e biologicamente a colei che l'ha portato nell'utero. Le ricerche, insieme all'esperienza vissuta da milioni di donne, dimostrano che il bambino riconosce la madre alla vista, alla voce, all'odore.

La separazione fra i due al momento della nascita può provocare gravi danni nello sviluppo psicologico di un bambino, privato subito delle sicurezze che gli sono necessarie. E naturalmente, dall'altra parte, ci sono il dolore e la depressione nella madre gestatrice, difficilmente controllabili attraverso la retorica del dono, dell'altruismo e bassamente mistificati dalla leggenda secondo cui le donne che affittano l'utero non si legherebbero affettivamente ai neonati, grazie al lavaggio del cervello a cui vengono sottoposte.

Lo gridano i romanzi

Come succede spesso per grandi questioni della vita che si agitano davanti ai nostri occhi, la letteratura si rivela più sensibile e tempestiva delle scienze sociali nel denunciare i problemi sottesi a queste questioni. Lo aveva anticipato un film di qualche decennio fa, di grande successo: *Senti chi parla*, nel quale il vero protagonista era il feto che predisponeva con successo la sua venuta nel mondo. Un film che non si può escludere abbia influito in qualche misura sulla scelta di molte ragazze a proposito dell'aborto.

Ma negli ultimi tempi sono usciti ben due

romanzi nei quali il protagonista è un bambino che sta nella pancia di una madre che non ha intenzione di tenerlo con sé, o perché l'ha venduto a dei committenti, o perché ha altri progetti per la sua vita.

Si tratta del breve romanzo di Barbara Alberti *Non mi vendere, mamma!*[23], nel quale il feto intrattiene un lungo e vivace scambio di idee con la madre per convincerla a non cederlo alla coppia dei committenti.

E anche del romanzo di Ian McEwan *Nel guscio*[24], dove invece protagonista di un lungo monologo è la voce del feto, acuto osservatore della realtà che lo circonda, ben consapevole delle sue necessità e del legame fortissimo che lo unisce alla madre, se pure assassina.

In entrambi i casi, infatti, il feto risulta pienamente consapevole del legame con la madre che lo porta nell'utero, e combatte per non esserne separato.

I due scrittori rompono un tabù, quello di considerare solo un ammasso di cellule il feto, attribuendogli viceversa pensiero ed emozioni. Si tratta di una operazione narrativa che mette in crisi alla radice non solo la legittimità dell'aborto, ma anche quella dell'utero in affitto, perché di fatto considera madre chi porta il figlio nel pro-

23. B. Alberti, *Non mi vendere, mamma!*, Nottetempo, Milano, 2016.

24. I. McEwan, *Nel guscio*, Einaudi, Torino, 2017.

prio ventre, e descrive la gravidanza come la nascita di un rapporto fortissimo fra il feto e la donna che lo partorirà. Il tutto senza dare valore alla provenienza genetica dei gameti, e tanto meno al diritto degli aspiranti genitori committenti.

L'importanza al rapporto fra gravida e feto, fra donna che partorisce e neonato, è al centro di altri romanzi incentrati sull'abbandono. Il tema dei figli separati dalla madre al momento del parto, per libera scelta di quest'ultima o per obbligo, sembra essere tornato di moda.

Michela Marzano, in un romanzo che tratta dell'adozione e del bisogno di conoscere la madre, scrive: «Tutti viviamo, prima o poi, una forma di abbandono. Niente a che vedere, però, con quello che succede quando tua madre ti lascia in ospedale e decide di non essere nemmeno nominata. Quando c'è uno strappo così, la domanda "chi sono" è lacerante. Ha a che fare con la possibilità di riconoscerti come appartenente a qualcosa, a qualcuno da cui hai avuto origine, appunto... quando si viene abbandonati, però, la relazione si interrompe in maniera unilaterale. Non è tanto questione di accedere a un nome, o questione di patrimonio genetico. È un problema di senso. Che cosa ha spinto questa donna a farlo?»[25]

Quello che viene definito come un proble-

25. M. Marzano, *L'amore che mi resta*, Einaudi, Torino, 2017, p. 208.

ma di senso è sciolto dalla questione della parentela genetica, ma riferito strettamente alla madre che ha vissuto la gravidanza, che ha partorito. Alla madre, insomma.

In un romanzo uscito di recente in Spagna, e tradotto in Italia, *Durante la tua assenza*, l'autore racconta le vicende di alcune ragazze madri ricoverate dai genitori in un istituto di suore e obbligate ad abbandonare i loro bambini, sui quali le suore e alcuni laici avevano costruito un lucroso mercato. L'autore stesso, adottato, è figlio di una di queste ragazze e il romanzo è la storia del dolore dell'abbandono da parte delle madri e la costante ricerca, delle madri e dei figli, di ricostituire il rapporto perduto.

Tutta la vicenda è immersa in un clima ideologico di pesante accusa verso l'arretratezza della Spagna franchista e la crudeltà delle religiose, che consideravano e trattavano le ragazze come spregevoli peccatrici. Tutte cose verissime, certo, ma stupisce come, all'interno di questa cornice, la sottrazione dei figli subito dopo il parto e la negazione a questi ultimi delle informazioni necessarie a ritrovare la madre siano considerate – e giustamente – spaventose crudeltà. Mentre le stesse pratiche, se avvenute dentro una cornice contrattuale e apparentemente consensuale, siano considerate non solo lecite, ma perfino positive, cioè come il dono di un figlio a chi non lo può avere. Ma non era lo stesso anche per i neonati spagnoli strappati alle madri? Anch'essi andavano a esaudire il desiderio irrealizzabile di una coppia, e anche in questo caso il pagamento – che avveniva attraverso dei mediatori – era considerato un'offerta di ringraziamento. Anche in questi casi, quindi, la verità sulla costrizione delle donne era taciuta – i bambini figuravano come volontariamente abbandonati – e il pagamento veniva mascherato in offerta spontanea. Cambiava solo la cornice ideologica: per noi, la cultura della Spagna anni Cinquanta è obbrobriosa, mentre il nuovo travestimento di una operazione molto simile è considerato accettabile, se non addirittura encomiabile.

Le parole che il curatore dell'edizione italiana Luigi Contadini scrive nell'introduzione, se ci pensiamo bene, potrebbero venire applicate anche alle madri in affitto di oggi: l'opera, egli dice, «delinea un vero e proprio trauma collettivo di grosse proporzioni che fiorì durante il franchismo e i primi due decenni della democrazia», sicché l'autore «ha una funzione etica perché indica in modo pressante la necessità del risarcimento e della non rassegnazione all'impunità»[26].

Il confronto fra i casi narrati e quelli di oggi mette in luce la debolezza della giustificazione dell'utero in affitto, e rende esplicita una real-

26. E.J. Vila Torres, *Durante la tua assenza*, Castelvecchi, Roma, 2017.

tà diversa: stiamo di nuovo seminando infelicità e dolore.

E stiamo negando alle donne la gioia di vivere con consapevolezza e partecipazione il ruolo materno: il romanzo di Leïla Slimani[27], con il suo drammatico finale, punta il riflettore sulla difficoltà di fare la madre sia per la vera madre di due bambini piccoli, che ha scelto di stare lontana per qualche anno dal lavoro per allevarli e godere della loro infanzia, sia per la bambinaia che la sostituisce. Apparentemente esemplare, questa donna in realtà viene distrutta nel suo fragile equilibrio dalla disattenzione e dalla mancanza di rispetto con la quale viene guardato il suo lavoro.

I protagonisti sono due giovani genitori che hanno tutto, e tutto funziona finché non nascono, a breve distanza l'uno dall'altro, due figli, e la moglie, Myriam, decide di non intraprendere la carriera di avvocato per la quale si è preparata per stare invece, d'accordo con il marito, a casa con loro. Dopo poco, però, l'idea poetica di fare la mamma a tempo pieno rivela le prime crepe: si tratta infatti di una scelta di solitudine, e Myriam scivola quasi inconsapevolmente nella depressione, nel disprezzo di sé che si alimenta dello stupore dispiaciuto con cui gli altri accolgono la sua scelta. Il marito, anch'egli inavvertitamente, comincia a rincasare sempre più tar-

27. L. Slimani, *Ninna nanna*, Einaudi, Torino, 2016.

di per non tornare in quella casa che gli sembra ora un inferno domestico. In silenzio, la società che li circonda li giudica negativamente, come dei perdenti: sarà solo l'arrivo di una bambinaia, Louise, che si rivela provetta nel farsi accettare dai piccoli e nel diventare presto indispensabile per i genitori, a ridare lustro alla coppia, che torna glamour. Myriam diventa rapidamente un avvocato di successo, il marito avanza nella sua carriera, la loro vita sociale riprende con rinnovata vivacità, mentre dietro l'apparenza di una soluzione perfetta i bambini, e soprattutto la figlia più grande, cominciano a rivelare pesanti disagi. Benché la coppia sia formata da giovani progressisti, della bambinaia a loro interessa solo la perfetta funzionalità. Non si domandano mai quale sia la sua vera vita, cosa senta nel profondo del cuore vivendo un confronto continuo fra questa famiglia "perfetta" e la sua disperata solitudine, il suo fallimento esistenziale di madre. Il mondo superficiale che circonda la famiglia, quel mondo che imprime pesanti condizionamenti per indurli a scegliere le soluzioni più idonee a testimoniare all'esterno successo, fascino, denaro, senza badare alla sostanza, ai veri legami fra le persone, alle necessità affettive e ai bisogni di cura dei più fragili, sembra trascinare i protagonisti al drammatico epilogo.

Ancora una volta la letteratura riesce a denunciare, meglio di qualsiasi analisi sociale, la crisi della madre, e quindi a far capire che non sono sufficienti gli aiuti dello stato, gli asili nido, in sostanza l'assistenza delle istituzioni, per sbloccare la profonda crisi. Le protagoniste del romanzo sono due figure materne distrutte dallo sguardo degli altri, dal disprezzo che nelle nostre società si accompagna a chi svolge ruoli domestici di cura, che non prevedono carriera, affermazione personale, autorealizzazione.

Sulle possibili evoluzioni future di questa situazione critica e contraddittoria avanza ipotesi devastanti un romanzo di fantascienza scritto dalla famosa autrice di best seller Margaret Atwood, *Il racconto dell'ancella*, uscito nel 1985 e oggi tornato di attualità, tanto che ne è stata ricavata una serie televisiva di grande successo.

L'intreccio si svolge nel Maine, in un tempo futuro in cui la crisi della fertilità e il dilagare della promiscuità sessuale hanno provocato per reazione l'affermazione di un regime parareligioso puritano e gerarchico, nel quale le poche donne rimaste fertili, chiamate ancelle, vengono adibite solo al ruolo di procreatrici, di uteri in affitto. Un quadro ben illustrato dalle parole di uno studioso che, duecento anni dopo, ricostruisce quel periodo storico: «I motivi di questo declino non sono del tutto chiari. Qualche insufficienza nella riproduzione può essere senza dubbio riferibile alla diffusa disponibilità di contraccettivi di vario genere, aborto incluso, nel periodo immediatamente pregalaadiano. In parte, l'infertilità era stata quindi voluta, e a questo si può attribuire la differenza statistica fra bianchi e non, ma non basta. Occorre che si ricordi che quella era l'epoca della sifilide di ceppo R e anche dell'infame epidemia di Aids, che, una volta diffuse tra la popolazione, hanno eliminato molta gioventù sessualmente attiva dal nucleo riproduttivo? I nati morti, gli aborti e le deformità genetiche erano diffuse e in aumento, a causa dei guasti alle centrali nucleari, dei blocchi sul lavoro e dei sabotaggi che hanno caratterizzato l'epoca, oltre che delle fughe dalle scorte di materiale per guerre chimiche e biologiche e dai luoghi di smaltimento dei rifiuti tossici, che erano migliaia legali e illegali (in alcuni casi i rifiuti venivano addirittura scaricati nelle fognature), e dell'uso incontrollato di insetticidi e diserbanti chimici»[28].

È inutile sottolineare come queste previsioni fantascientifiche ci possano risuonare familiari e sinistre oggi, più di trent'anni dopo che l'autrice le ha immaginate.

In questo mondo, le donne vivono in una situazione di totale sottomissione agli uomini, che giustificano così il nuovo regime: «Noi abbiamo dato loro più di quanto non abbiamo tolto. Pensate alla situazione in cui si trovavano prima, pensate ai bar per donne sole, all'indegnità degli appuntamenti a sorpresa. Era il mer-

28. M. Atwood, *Il racconto dell'ancella*, Ponte alle Grazie, Milano, 2017, p. 387.

cato della carne. Non ricordate il terribile divario tra coloro che potevano avere un uomo facilmente e quelle per le quali era impossibile? Alcune di loro, prese dalla disperazione, deperivano per dimagrire, altre si gonfiavano i seni con il silicone, altre ancora si facevano tagliare il naso. Quanta infelicità!... Il denaro era l'unica misura di valore, per tutte, l'essere madri non dava diritto al rispetto. Non c'è da stupirsi quindi che stessero addirittura rinunciando alla maternità»[29]. Tutto è rovesciato rispetto al nostro mondo. L'io narrante, un'ancella, descrive le vittime di una esecuzione capitale esposte per ammaestramento al pubblico: «Gli uomini appesi portano camici bianchi, come quelli dei medici o degli scienziati (...) ognuno ha un cartello appeso al collo che indica la causa della condanna alla pena capitale: il disegno di un feto umano. Erano medici, quindi, nel tempo addietro, quando l'aborto era legale. Non li chiamavano "fabbricanti di angeli"? (...) ci hanno detto che questi uomini sono criminali di guerra. Non è una scusante che le loro azioni fossero legali a quel tempo: i loro crimini sono retroattivi»[30]. Alle donne, ormai private di ogni libertà, vengono attribuite le cause del crollo demografico: «Srotolato sopra una lavagna, dove un tempo si sarebbe messa una carta geografica, c'era un grafico, che mo-

29. *Ivi*, p. 287.

30. *Ivi*, p. 51.

strava il tasso di natalità per mille, attraverso gli anni: una china scivolosa, che scendeva oltre la linea zero e ancora più giù. Certo, alcune donne credevano che non ci sarebbe stato futuro, pensavano che il mondo sarebbe esploso. Questa era la scusa a cui ricorrevano...»[31]

Dopo la rivoluzione

La rivoluzione delle donne è riuscita a ottenere i suoi scopi, unica fra le rivoluzioni del Novecento, ha scritto nel suo bilancio del secolo lo storico inglese Eric Hobsbawm. Certo, non si può che convenire, se consideriamo come obiettivi primari l'ingresso delle donne in tutte le professioni, la loro presenza nello spazio pubblico, quindi nella politica, la legalizzazione dell'aborto e degli anticoncezionali. Infatti, se si alzano ancora delle proteste da parte di ciò che resta dei movimenti femministi, è per lamentare che le donne non sono ancora abbastanza numerose nei ruoli apicali, che spesso il loro salario rimane inferiore. Il loro successo infatti viene misurato in base al raggiungimento dei livelli maschili in ogni campo, anche in quello della vita privata: il risultato positivo c'è solo se sono liberate dalla cura dei figli e dal lavoro domestico, per potersi dedicare in santa pace alla carriera, e anche se sono liberate dal "pericolo" di concepi-

31. *Ivi*, p. 151.

re, per poter godere della stessa libertà sessuale degli uomini. Ma, se torniamo indietro di qualche decennio, e rileggiamo documenti dimenticati, vediamo che le femministe si proponevano un altro e diverso obiettivo, che di fatto non si è realizzato, vale a dire la libertà di scelta a proposito della procreazione, una libertà che sembrava finalmente a portata di mano grazie alla legalizzazione dell'aborto e alla pillola.

Per le giovani donne di oggi è possibile studiare come un coetaneo di sesso maschile, fare carriera come lui, guadagnare come lui, accedere al potere come lui, esercitare la sessualità senza paura di una gravidanza come lui. Ma se il loro desiderio è diverso, se invece desiderano dei figli, una famiglia, si scontrano con mille difficoltà. Innanzi tutto di ordine pratico: sono pochi i coetanei disposti a sobbarcarsi il peso di una famiglia, dal momento che non hanno il problema dell'orologio biologico e vivono in un clima di grande libertà sessuale. A questo si aggiunge che nel lavoro la gravidanza trova mille ostacoli, le madri sono considerate una iattura per il datore di lavoro, e più le leggi difendono i loro diritti di assistere i figli piccoli, più le giovani madri sono penalizzate nella ricerca di un'occupazione o nel fare carriera.

È quindi giocoforza rimandare la maternità a quando si trova un padre disponibile, o una stabilità lavorativa che permetta di fare un figlio anche senza che un uomo se ne assuma la responsabilità. E qui ecco che altri guai si profilano, cioè le difficoltà a concepire, sia per l'età che per l'effetto dei bombardamenti ormonali ai quali con molte probabilità si sono sottoposte per decenni: pillola anticoncezionale, pillole del giorno dopo in molti casi, se non addirittura aborti. La crisi di natalità che sta affliggendo i paesi avanzati non è tanto originata dal rifiuto di molte donne a vivere questa esperienza, ma piuttosto dalla sterilità che deriva da uno stile di vita praticato per molti anni.

Queste giovani donne, quindi, non hanno affatto ottenuto la libertà di scegliere. Sono costrette, nei loro anni più fertili, a far tacere con ogni mezzo la loro capacità di concepire al fine di realizzare il paradiso della libertà sessuale immaginato dai profeti della rivoluzione sessuale. Un paradiso che però funziona solo per i maschi, in realtà. Almeno sul breve periodo. Dopo, infatti, anche loro sono penalizzati dalla sterilità dilagante, dalle crescenti difficoltà a rapportarsi con le donne: difficoltà che non sono solo dovute – come semplicisticamente si vuole sostenere – alle nuove condizioni di parità che il rapporto di coppia oggi implica, ma anche al sorgere di nuove occasioni di differenza, come la diversità dei tempi del concepimento, oppure la differenza (che ci si ostina a negare) nel modo di vivere la sessualità.

Una differenza quest'ultima, per l'appunto, che è stata negata dalle ricerche che si volevano scientifiche sul sesso, quelle di Kinsey e Masters e Johnson, che hanno cercato di spiegare il piacere femminile allo stesso modo di quello maschile, accumulando osservazioni anatomiche e dati statistici. Essi miravano non solo a rivelare la ricchezza della sessualità femminile, ma soprattutto a svelare finalmente il mistero di una sessualità nascosta e diversa, spiegandola come reazione a un contatto fisico. Cancellando così una decisiva componente della sessualità femminile, che è la dimensione emozionale della relazione: l'uomo è un esempio di sessualità quantitativa – che si misura con le performance – la donna vive nella dimensione qualitativa. Il punto di vista maschile è arrivato così a colonizzare la sessualità femminile, alla quale è stato chiesto di adeguarsi: «la liberazione sessuale» scrive lo psicanalista francese Jean-Paul Mialet «ha avuto l'inconveniente di trasformare la vita sessuale in uno spettacolo, in una nuova forma di alienazione dell'erotismo femminile alla sessualità maschile»[32]. E purtroppo molte donne, le più influenzabili, assimilano il loro comportamento alla sessualità maschile, a una performance quantitativa che le mortifica e le incatena a bisogni artificiali.

Oggi, sebbene il disorientamento per la disgregazione dei tradizionali ruoli sessuali colpisca in eguale misura donne e uomini – ormai sciolti da ogni legame di complementarità

32. J.-P. Mialet, *Sex aequo*, Albin Michel, Paris, 2011, p. 154.

in una società dove domina l'individualismo – ancora una volta chi ha più da perdere sono le donne. Certo, anche gli uomini perdono sicurezze, potere, stabilità. Ma le donne perdono la loro caratteristica più preziosa, la loro potenza vera: quella di generare.

In passato è stata la maternità la motivazione per cui escludere le donne dallo spazio pubblico e dal potere, ma almeno era valorizzata fino al punto – come è stato denunciato – da farne un mito. Oggi invece essa sta scomparendo in una miriade di lavori sottopagati, privi di ogni gratificazione morale, fra i quali c'è anche l'affitto dell'utero o la vendita degli ovociti. Queste ultime opzioni, se pure almeno in apparenza fanno ancora appello alla generosità, alla mistica sacrificale della maternità, sono in realtà un modo nuovo per ridurre le donne in schiavitù, per considerarle solo un corpo funzionale agli scopi di chi lo paga.

Proprio per questo la GPA costituisce un campanello di allarme così grave, così drammatico, e proprio per questo così significativo per accendere i riflettori sull'eclissi della maternità nelle nostre società. Essa ci fa capire infatti come tutto sia diventato oggetto di transazione commerciale, come non esista più la sacralità del corpo umano tante volte proclamata. L'accettazione della GPA, infatti, non costituisce solo un grave caso di sfruttamento delle donne, ma molto di più: scardina principi di diritto considerati finora indiscutibili, a partire da quello dell'indisponibilità del corpo umano per arrivare alla creazione di un diritto inesistente, il diritto al figlio. Con ciò portando in sostanza alla trasformazione antropologica del sistema del diritto che, da strumento di difesa del bambino e dell'uguaglianza di ogni essere umano, diventa solo una modalità di ratifica della volontà individuale, del desiderio.

Che cosa stiamo perdendo? Certamente un sistema di diritto filosoficamente coerente con i principi della tradizione occidentale, certamente, ma soprattutto la giusta valutazione dell'esperienza più ricca e originale della vita umana, cioè l'esperienza che lega due esseri in un rapporto di interdipendenza fondato sulla generosità totale della madre, sul suo dono gratuito, un'esperienza sulla quale da sempre si fonda ogni modello di generosità e di solidarietà umana. Se scompare la madre, se il suo ruolo viene svilito, frantumato e commercializzato, la società non avrà più davanti esempi di dedizione gratuita, non sapremo più cos'è la carità, cos'è l'amore disinteressato.

Certo, divenire donna, soprattutto divenire madre, significa condizionamento, cioè integrare al di là delle proprie intenzioni un ruolo sociale con forti caratteristiche culturali, ma a ogni donna è lasciata la libertà di interpretare a modo suo questo dato di partenza: «Se lei si fa accoglienza, si apre alla creatività, all'esercizio della libertà. Si fa gratitudine, è come una grazia che posso ricevere quella di essere donna»[33]. Perché considerarla una debolezza, un ostacolo alla propria libertà, da eliminare a tutti i costi? Dobbiamo ricordarci che entrare nella vita significa entrare nella dinamica del dono, e non in un meccanismo chimico di fabbricazione. Essere donna significa poter prolungare la dinamica del dono.

C'è un futuro per la madre?

Se ci si pone questa domanda alla luce delle esperienze narrate è molto difficile dare una risposta positiva. A eccezione del caso francese, dove nel 2016 è stata firmata da un gruppo di associazioni che difendono i diritti delle donne la "Carta per l'abolizione mondiale della maternità surrogata", non sembra che su questo tema si sia sviluppato un bilancio critico di ampiezza mondiale, e ancor meno si può dire sull'eclissi del ruolo materno. Indubbiamente, il futuro non promette bene.

Innanzi tutto la pratica dell'utero in affitto può essere considerata infatti una prova generale di un progetto di gran lunga peggiore: quello di trasferire la gravidanza in un utero artificiale[34]. Il fatto che al mondo vi siano oggi labo-

33. A. Zielinski, *Naître femme, devenir femme*, in «Christus», n. 255, juillet 2017, p. 19.

34. Cfr. H. Atlan, *L'utérus artificiel*, Seuil, Paris, 2007.

ratori di ricerca che destinano a questo progetto somme cospicue e scienziati di vaglia che vi lavorano, fa capire come la prospettiva non sia un sogno fantascientifico ma un vero e proprio progetto sul punto, forse, di realizzarsi. All'inizio, per farlo accettare – scrive Atlan – si dirà che serve a evitare aborti, salvare feti abortiti o perfino funzionare da rimedio alla sterilità, poi, ovviamente, potrà essere usato in mille altri modi. Tutti finalizzati a eliminare il rapporto fra una donna e il figlio, tutti tesi a distruggere la relazione materna.

Ma la funzione materna viene distrutta anche, se pure in modo meno evidente, dal fatto che – come ha sottolineato Barbara Duden[35] – la fecondazione in vitro fa sì, per la prima volta nella storia, che il processo iniziale della riproduzione avvenga al di fuori del corpo della madre. E quindi, non più protetto dalla madre, l'embrione è completamente nelle mani degli scienziati, che possono crearlo selezionando manualmente l'ovocita e lo spermatozoo, «con criteri scientifici ma anche soggettivi»[36]. Jacques Testart prevede per il futuro la nascita di individui selezionati secondo criteri – ovviamente di-

35. Cfr. B. Duden, *Il corpo della donna come luogo pubblico. Sull'abuso del concetto di vita*, Bollati Boringhieri, Torino, 1994.

36. L. Corradi, *Nel ventre di un'altra*, Castelvecchi, Roma, 2017, p. 45.

scutibili – eugenetici, fondati su una ingegneria genetica capace di realizzare il figlio perfetto, progettato secondo l'estetica dei consumi.

Le donne, espropriate della loro capacità di scegliere misteriosamente a chi dare la vita, sono anche sottoposte a pesanti corvée ormonali, rispetto alle quali mancano ricerche affidabili relative alle conseguenze sulla loro salute. Così come sono assai poche le ricerche relative alla salute dei neonati concepiti in provetta, e ancora meno quelle relative ai bambini frutto di gameti congelati. «Si pongono quindi seri interrogativi» scrive Corradi «sull'etica della ricerca in questo campo, che pare essere stata accantonata sia per l'entusiasmo scientifico, sia per la mole di interessi che questo business ormai rappresenta»[37].

Questa bassa attenzione alle conseguenze sui bambini dei procedimenti medici realizzati per procurare la loro nascita – quello che conta infatti sembra essere solo realizzare il desiderio dei genitori! – induce addirittura i media a dare un giudizio positivo sulle grandi multinazionali che, negli ultimi anni, fra i benefit offerti alle loro dipendenti, hanno inserito la possibilità di congelare i loro ovuli per garantirsi una gravidanza anche in età avanzata. Rivelando così apertamente che fare un figlio all'età giusta è diventato oggi un lusso per poche privilegiate, almeno in Occidente.

37. *Ivi*, p. 46.

Intanto, le donne vengono sempre trattate come se il loro più grande desiderio fosse ancora e sempre separare la sessualità dalla procreazione, e quindi come se fosse necessario dedicare ancora denaro e tempo agli scienziati che si dedicano a questo ramo della ricerca scientifica.

Ci sono dei ricorsi storici che stupiscono e fanno pensare: se negli anni Cinquanta e Sessanta del Novecento era soprattutto la fondazione Rockfeller a sostenere finanziariamente e mediaticamente la campagna contro l'aumento demografico, agitando la minaccia della cosiddetta "bomba umana" che giustificò per anni interventi anche non consensuali di sterilizzazione o contraccezione sulle donne in particolare del Terzo mondo, oggi l'ossessione anti-procreazione è stata ereditata da un altro miliardario americano, Bill Gates. Il magnate – insieme alla moglie che sta continuando la sua opera – ha investito i suoi capitali nella ricerca di un preservativo migliore e anche di un nuovo tipo di anticoncezionale, somministrato attraverso un microchip.

Si tratta di un minuscolo distributore di farmaco che può essere inserito in una parte del corpo da dove rilascia – secondo quantità e tempi stabiliti – la dose di farmaco necessaria a bloccare la fertilità. L'erogazione può essere controllata dall'esterno, sospesa o aumentata, a seconda delle necessità. È stata un'idea di Gates – che ha poi pagato perché venisse realizzata la relativa ricerca – quella di utilizzare questo sistema di somministrazione come nuova forma di anticoncezionale femminile, e adesso essa è pronta per essere sperimentata e poi sottoposta alla trafila burocratica in vista della sua distribuzione sul mercato. La durata di attività di questo microchip può arrivare ai quindici anni, cioè circa la metà della vita fertile di una donna. La contraccezione, così, potrebbe diventare parte di quell'insieme di microchip che in futuro si progetta di inserire nel corpo umano, per migliorarne le prestazioni fisiche e intellettuali: la contraccezione viene considerata quindi come una sorta di perfezionamento del corpo femminile che, ahimé, ha il difetto di procreare.

Questo nuovo metodo di controllo delle nascite potrà essere sul mercato, pare, a partire dal 2018.

L'aspetto più inquietante di questa nuova terapia – che fa della contraccezione una costante sempre attiva nel corpo femminile, in un certo senso snaturalizzandolo completamente – è che il microchip può essere attivato anche da altri, estranei alla titolare del corpo in cui è stato inserito. Attraverso un congegno del genere, cioè, il corpo delle donne potrà essere controllato da entità esterne, anche senza tener alcun conto di ciò che esse desiderano.

L'iniziativa "umanitaria" della fondazione Gates mira a una manipolazione inaudita del corpo femminile. E come è ovvio, anche questa nuova possibilità viene diffusa ammantandola con l'aura mitica di nuova iniziativa per facilitare la libertà sessuale delle donne.

Ma c'è anche un altro segnale, veramente inquietante, riguardo la manipolazione della maternità: la proposta, da parte di un gioielliere, Amy McGald, di risolvere il problema gravoso degli embrioni sovrannumerari, cioè avanzati dai tentativi – riusciti o falliti – di fecondazione assistita, trasformando le loro ceneri in una linea di gioielli. La stessa società, Baby Bee, produce gioielli anche dal latte materno, dalla placenta, dal cordone ombelicale.

Niente più di questo agghiacciante esempio – il solo fatto di averlo pensato, anche se nessuno comperasse quei gioielli – può dare l'idea del discredito in cui sembra essere caduta l'idea stessa di rapporto materno nelle nostre società.

Decisamente il femminismo, che tace davanti a questo scempio della donna, negli ultimi decenni ha svilito il suo traguardo, che è diventato quello di arrivare a ottenere il medesimo potere e il medesimo reddito degli uomini, la loro medesima libertà dal "pericolo" di procreare. Anche a costo di rinunciare alla maternità: alla realtà e al simbolo della maternità. È come se le donne avessero avuto paura dell'obiettivo alto che si erano proposte: quello di entrare con la loro differenza nel mondo maschile, per cambiarlo alla radice. Forse l'utopia più alta e più radicale fra quelle germinate – e fallite – nel Novecento.

Un'utopia che aveva una forte somiglianza con il progetto originario della tradizione cristiana: non sono forse le immagini di una madre con un figlio – bambino da accudire, morto da piangere – quelle che la religione cristiana ha proposto incessantemente agli occhi dei credenti, come simbolo del cambiamento necessario a trasformare il mondo? La tradizione artistica delle società cristiane non ha fatto che gridarlo, per secoli, davanti a occhi incapaci di vedere.

La totale privatizzazione della maternità, ridotta alla realizzazione di un desiderio che si può realizzare senza la madre, si allontana nettamente dal discorso sulla sessualità e sulla generazione che faceva Freud, ricordato da Vegetti Finzi: «L'individuo conduce effettivamente una doppia vita, come fine a se stesso e come anello di una catena di cui è strumento, contro o comunque indipendentemente dal suo volere. Egli considera la sessualità come uno dei suoi propri fini; ma, da un altro punto di vista, egli stesso non è che un'appendice del suo plasma germinale a disposizione del quale pone le proprie forze in cambio di un premio di piacere. Egli è veicolo mortale di una sostanza virtualmente immortale. La differenziazione tra pulsioni sessuali e pulsioni dell'Io non farebbe altro che riflettere questa duplice funzione dell'individuo»[38].

38. Vegetti Finzi, *I figli del futuro*, cit.

L'essere umano contemporaneo delle società occidentali sembra avere dimenticato questa duplice natura della procreazione, e pare voglia vivere solo una vita "fine a se stesso", determinata dai propri desideri. Se scompare la componente impersonale della procreazione, però, scompare anche il concetto di sacralità del corpo umano, come ha scritto Simone Weil: tale sacralità infatti è legata a quanto di impersonale c'è in noi, a quanto ci rende simile agli altri.

Il corpo femminile perde quindi la sua potenza simbolica, diventa un corpo come un altro che può essere venduto secondo le sue funzioni e i suoi prodotti. Con la cancellazione della misteriosa potenza materna, l'essere umano è ridotto alla miseria dei suoi desideri, dei suoi progetti, in una chiusura autoreferenziale che lo limita soffocando ogni comprensione metafisica della vita.

Il pensiero filosofico e quello psicanalitico che in questi decenni hanno affrontato il tema della maternità, sviluppandosi in un contesto che tendeva a cancellarne l'importanza, hanno rivelato infatti la potenzialità di apertura che la maternità realizza verso il trascendente, verso il «mondo infinito» per dirlo con le parole di Clotilde Leguil[39], la quale scrive che il rico-

39. C. Leguil, *Penser le genre féminin par-delà les normes*, in «Études», mai 2016, p. 57.

noscere che il corpo femminile è radicalmente differente da quello maschile «implica il passaggio dal mondo chiuso all'universo infinito». Leguil cita in proposito i versi di Antoine Tudal, poeta molto amato da Lacan: «Fra l'uomo e l'amore, c'è la donna. Fra l'uomo e la donna, c'è un mondo. Fra l'uomo e il mondo, c'è un muro».

Anche il filosofo Lévinas ha sviluppato questa interpretazione, a sua volta approfondita da Catherine Chalier: «L'altro per eccellenza è il femminile attraverso il quale un mondo nascosto prolunga il mondo»[40].

Ciò avviene proprio attraverso il mistero della maternità, che Chalier non legge come costrizione, prigione, ma come elezione: la donna accettando la maternità «risponde a un appello che non ha scelto, ma che l'ha eletta»[41]. La donna diventa così «il non-ancora, cioè l'infinitamente futuro che è il generare»[42]. La filosofa ci invita così a leggere la fecondità come trascendenza totale, come esperienza che «rivela una separazione ribelle a ogni totalità, perché l'Infinito non si lascia chiudere»[43]. Perché, continua Chalier, «il figlio mette in rapporto con il tem-

40. C. Chalier, *Figures du féminin*, Éditions des femmes, Paris, 2006, p. 19.

41. *Ivi*, p. 40.

42. *Ivi*, p. 27.

43. *Ivi*, p. 30.

po infinito. La fecondità porta via da sé e porta altrove»[44].

Ritrovato in questo modo il valore della maternità, riappare il nocciolo della questione posta da Lévinas: se la donna rappresenta l'altro dall'uomo, essa è anche simbolo del trascendente, alterità per eccellenza.

La differenza fra i sessi, quindi, apre al rapporto con la trascendenza, alla presenza di Dio accanto agli esseri umani, attraverso il mistero aperto della maternità.

Tutto ciò non riguarda solo le donne, ma l'intero genere umano. Ha scritto Hannah Arendt: «Il miracolo che preserva il mondo dalla sua naturale rovina è il fatto della natalità. È, in altre parole, la nascita di nuovi uomini e il nuovo inizio, l'azione di cui essi sono capaci in virtù dell'essere nati. Solo la piena esperienza di questa facoltà può conferire alle cose umane fede e speranza»[45].

44. *Ibid.*

45. H. Arendt, *Vita activa. La condizione umana*, Bompiani, Milano, 2003, p. 182.

Indice

STAMPATO PER CONTO DI NERI POZZA EDITORE
DA GRAFICA VENETA, TREBASELEGHE (PD)
NEL MESE DI NOVEMBRE DEL 2017

Questo libro è stampato col sole

GRAFICA VENETA

Azienda carbon-free